Schon immer anders - Hochsensible Leben

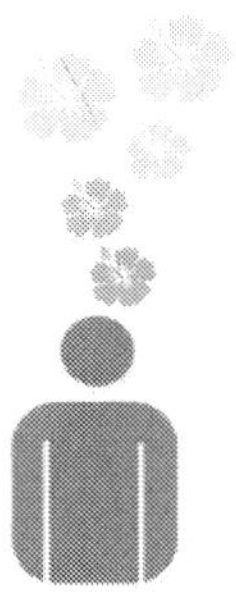

Matthias Wiese

Ich bin Jahrgang 1975, war verheiratet, habe zwei Kinder und bin selbst hochsensibel. Das Thema Hochsensibilität beschäftigt mich seit Jahren. Ich betreibe mit www.hochsensibel-test.de eine der meistbesuchten Internetseiten hierzu. Über die Seite stehe ich seit 2012 in regem Kontakt und Austausch mit anderen hochsensiblen Menschen.

Das Buch

Auf meiner Internetseite informieren sich täglich hunderte Besucher. Diese tragen einen großen Erfahrungsschatz in sich, den ich – jedenfalls in Teilen - in diesem Buch verfügbar gemacht habe. Ich habe hochsensible Menschen zu ihrer Person befragt, zum Erleben der eigenen Sensibilität, den Vor- und Nachteilen und ihrem Umgang damit. Der Markt bietet bereits diverse Bücher zum Thema Hochsensibilität. Dabei handelt es sich überwiegend um wissenschaftliche Abhandlungen von Experten. In diesem Interview-Buch kommen hochsensible Menschen selbst zu Wort und berichten, wie es ihnen mit ihrer Sensibilität im Alltag geht.

Matthias Wiese

Schon immer anders

-

Hochsensible Leben

www.hochsensibel-test.de

Impressum:

Autor Matthias Wiese: Schon immer anders - Hochsensible Leben
Herausgeberin: Agnes Ellmann, Bürgermeister-Steenbock-Straße 24, 24558 Henstedt-Ulzburg, Email: info@hochsensibel-test.de

Gedruckt in Deutschland: Amazon Distribution GmbH, Leipzig

ISBN-13: 978-1500775308
ISBN-10: 1500775304

Inhalt

Vorwort

Schon immer gab es Menschen, die sensibler waren als andere. Eine wissenschaftliche Aufarbeitung dieses Umstands blieb jedoch lange Zeit aus. Auch der Begriff „Hochsensibilität" hat sich erst im vergangenen Jahrzehnt etabliert.

Heute gibt es eine Vielzahl von Institutionen und eine noch größere Anzahl von Büchern, die sich mit dem Thema Hochsensibilität befassen. Dabei handelt es sich überwiegend um wissenschaftliche Abhandlungen von Experten. Gleichermaßen spannend ist jedoch die pragmatisch ausgerichtete Beantwortung der Frage, wie es Menschen mit ihrer Sensibilität im Alltag geht. Anders als in den vorgenannten Büchern, wird nicht abstrahiert über sie geschrieben. In diesem Interview-Buch kommen sie selbst zu Wort.

Auf meiner Internetseite www.hochsensibel-test.de informieren sich täglich hunderte Besucher über das Thema Hochsensibilität. Diese tragen einen großen Erfahrungsschatz in sich, der hier – jedenfalls in Teilen – verfügbar gemacht wird. Ich habe Besucher der Seite zu ihrer Person befragt, zum Erleben der eigenen Sensibilität, den Vor- und Nachteilen und ihrem Umgang damit. Herausgekommen sind vielfältige Schilderungen, die zur Reflektion der eigenen Verhaltensweisen anregen und Alternativen aufzeigen. Sehr erfreulich waren für mich die vielen Hinweise und Anregungen für den alltäglichen Umgang mit der Hochsensibilität. Da sie aus den Erfahrungen der Interviewpartner stammen, sind sie wenig theoretisch sondern pragmatisch und praxisorientiert. Deshalb habe ich sie, zusammen mit weiteren wesentlichen Aussagen aus den Interviews, in einem gesonderten Kapitel zusammengetragen.

Dieses Buch soll auch gegenseitiges Verständnis zwischen Angehörigen, Partnern und Freunden von Hochsensiblen schaffen. Damit die besonderen Bedürfnisse nicht einseitig aufgeführt werden, enthält das Buch auch einige Interviews mit nicht-hochsensiblen Menschen. Insgesamt bietet sich so die Chance auf einen wohlwollenden Abgleich der jeweiligen Erwartungen.

Allen Interview-Partnern spreche ich meinen allergrößten Dank und meine Anerkennung aus! Ihre investierte Zeit ist für sich betrachtet schon beachtenswert. Wirklich beeindruckt hat mich darüber hinaus, wie offen sie über höchstpersönliche Erfahrungen berichtet haben. Vieles davon hat mich sehr berührt. An dieser Stelle sei erwähnt, dass ich mich mit den Interview-Partnern darauf verständigt habe, nur ihre Vornamen aufzuführen. Dabei war es ihnen freigestellt einen Alias-Namen zu verwenden.

Immer wieder stellen hochsensible Menschen die Frage nach Hilfsangeboten. Andere suchen den kommunikativen Austausch oder wollen über ihr eigenes Erleben hinaus am Thema arbeiten. Verschiedene Institute in Deutschland machen entsprechende Angebote. Ich habe ein Interview mit Frau Böttcher von „Aurum Cordis“ - einem Zentrum für hochsensible Menschen - geführt, in welchem sie Möglichkeiten und Grenzen ihrer Tätigkeit aufzeigt. Ihre Ausführungen sollen die geschilderten Erfahrungen aus den Interviews aus fachkundiger Sicht aufgreifen und so den Kreis schließen.

Dieses Buch leitet mit einer kurzen Darstellung von wesentlichen Merkmalen der Hochsensibilität ins Thema ein. Keinesfalls ist der skizzierte Überblick als Ersatz für eine differenziert theoretische Abhandlung gedacht. Eine wissenschaftlich aufbereitete Definition findet sich in vielen anderen Büchern.

Meine Motivation dieses Buch zusammenzustellen, lag in der Erfahrung der - zumindest subjektiv empfundenen - hochsensiblen Leben. Weder die Dimension noch die jeweilige Sensibilität der Interview-Partner als solche wurde im Vorfeld „überprüft". Da meine Buch-Intention gerade im höchstpersönlichen Erleben des Einzelnen lag, war dies nicht erforderlich.

Zur Schwierigkeit der Abgrenzung von „normal" zu besonders sensiblen Menschen und zur Aussagekraft von Tests zur Hochsensibilität finden sich im Anhang einige Worte.

Abschließend bedanke ich mich bei der Mutter meiner Kinder, die mir das Thema Hochsensibilität erst so nahe gebracht hat, wie es mir heute ist. Und ich bedanke mich bei meinem Schatz, für die liebevolle und geduldige Unterstützung bei der Fertigstellung des Buches.

Hochsensibilität

Hochsensible Menschen nehmen Reize stärker wahr als der Durchschnitt der Bevölkerung und verarbeiten sie in besonderer Weise. Hochsensibilität kann sich auf alle Sinne beziehen. Neben intensiverem ungefiltertem Hören, Sehen, Riechen, Schmecken oder taktilem Erleben, ist oft auch die stärkere Ausprägung beim Empfang von Stimmungen möglich. Auch die eigenen Empfindungen hochsensibler Menschen sind manchmal in besonderer Weise ausgebildet. Dies kann etwa das Erleben von Liebe und Trauer sowie Kunst oder Musik betreffen. Zudem beschreiben hochsensible Personen etwa einen überdurchschnittlichen Sinn für Gerechtigkeit, ein hohes Bedürfnis nach Harmonie oder eine besondere Schmerzempfindlichkeit.

In der Literatur und im Internet finden sich Schätzungen, wie viele hochsensible Menschen es gibt. Sie weichen geringfügig voneinander ab. Nach der überwiegenden Ansicht sind etwa 15 Prozent der Menschen hochsensibel. Ob ein Mensch nun weniger sensibel, stärker sensibel oder hochsensibel ist, kann ohne intensive Auseinandersetzung mit der Person nicht belastbar beantwortet werden. Im Kapitel „Feststellung der Hochsensibilität" gibt es hierzu weitere Ausführungen.

Manchmal wird statt des Begriffs „Hochsensibilität" auch die Bezeichnungen „Hochsensitivität" oder „Hypersensibilität" verwendet. Beide sind grundsätzlich gleichermaßen geeignet, die besondere Sensibilität zu benennen. Einige Stimmen vertreten die Meinung, dass mit den Begriffen auch inhaltliche Unterschiede abzugrenzen sind. Auf dogmatische Unterschiede wird an dieser Stelle verzichtet. Dieses Buch bleibt bei der „Hochsensibilität". Bei der Beschreibung der zugrunde liegenden Eigenschaften, Merkmale und Fähigkeiten stolpert man immer wieder auch auf den Begriff der „Symptome". Spricht man von Symptomen für Hochsensibilität, könnte das die irrige Annahme stützen, dass besonders sensible Menschen erkrankt sind. Unzweifelhaft erkranken sensible Menschen genauso wie weniger sensible. Die Hochsensibilität selbst ist jedoch keine Krankheit.

Die eigenen Empfindungen und die Umwelt mit all ihren verschiedenen Reizen besonders intensiv wahrnehmen zu können, ist eine außergewöhnliche Gabe. Zugleich ist es naheliegend, dass diese besondere Gabe nicht immer in den hektischen und lauten Alltag passt. Selbst weniger sensible Menschen werden heute oftmals einer übergroßen Menge von Reizen ausgesetzt, die eine angemessene Verarbeitung all der Eindrücke erschwert. „Reizüberflutung“ ist vermutlich fast allen Menschen ein Begriff. Hier können beispielhaft Stress auf der Arbeit, im Straßenverkehr oder die Herausforderungen der permanenten medialen Berieselung durch unzählige Bildschirme um uns herum genannt werden. Das Ausblenden und Selektieren von Überflüssigem kostet Kraft, Energie und zehrt an der inneren Ruhe und Ausgeglichenheit.

Bei hochsensiblen Menschen können die intensivere Reizwahrnehmung und -verarbeitung dazu führen, dass besonders anstrengende Situationen von ihnen gemieden werden. Dies hat möglicherweise Einfluss auf das soziale Umfeld und kann zu introvertiertem, schüchtern wirkendem Verhalten führen oder in Ängsten münden. Der Verwirklichung dieser negativen Folgen können sie jedoch begegnen. Vieles hängt von den Bewältigungsstrategien des sensiblen Menschen ab. Oftmals gelingt es über die Jahre, einen Umgang mit den energieraubenden und belastenden Situationen des Alltags zu finden, ohne sich dabei aus dem gesellschaftlichen Leben zurückzuziehen. Einige Interview-Partner berichten, dass es Ihnen geglückt ist, aus ihrer vermeintlichen Schwäche eine Stärke zu machen. Ihre Sensibilität zeichnet sie aus. Hochsensibilität bietet jedenfalls die Chance, als besonders empathischer Gesprächspartner beruflich und privat geschätzt zu werden.

Dieses Buch berichtet von den Stärken und Freuden hochsensibler Menschen einerseits und den Herausforderungen und Nöten anderseits.

Kurz-Vorstellung der Interview-Partner

„Die Welt wird nicht so, wie ich sie brauche!“

Heidrun ist 63 Jahre alt. Sie wohnt in einem kleinen Häuschen in einer mittelgroßen Stadt. Heidrun spielt Viola und macht Bauchtanz. Mit Ihrer Hochsensibilität hat sie gute und schlechte Erfahrungen gesammelt Sie wünscht sich manchmal, mehr im Moment zu sein und weniger zu denken. Heidrun ist oft hibbelig und nervös, eher zaghaft aber stets feinfühlig. Manchmal fühlt sie sich „wie ein Blatt im Wind“. Sie nimmt die Stimmungen anderer wahr und übernimmt diese oftmals. Heidrun möchte von ihrem Umfeld nicht in besonders rücksichtsvoller Weise behandelt werden: „Es gibt keinen Grund, die Prinzessin auf der Erbse zu spielen“. Heidrun schreibt ab Seite: 20

„Ich habe alle Tests gemacht, die ich finden konnte. Alle!“

Binchen ist 53 Jahre alt, zum dritten Mal verheiratet und hat zwei erwachsene Kinder aus zweiter Ehe. Sie wohnt in einem Vorort von Leipzig. Binchen singt leidenschaftlich gern. Vor Auftritten ist sie nervös, „mein Lampenfieber killt mich“. Musik, Kunst und gutes Essen sind für sie lebensnotwendig. Binchen ist schnell erschöpft und anfällig für Störungen aller Art. Sie hat aber gelernt, für sich zu sorgen: „wenn ‚Bitte nicht stören‘ an der Tür hängt, dann gilt genau das.“ Binchen spürt ihre Hochsensibilität in vielerlei Hinsicht. Dabei kann sie durch grelles Licht genauso belastet sein, wie durch die Übernahme von Stimmungen anderer. Die positiven Aspekte der Sensibilität vergisst sie dennoch nicht. Ihr Leitspruch hilft dabei: „Mach was Schönes, tu Dir was Gutes“. Binchen schreibt ab Seite: 25

„Ich will ein friedliches Leben mit allen führen!"

Rachel ist 64 Jahre alt. Sie hat als Tänzerin und Schauspielerin, später auch als Atem, Sprech-, Sprach- und Stimmtherapeutin sowie Lehrerin gearbeitet. Ihre innere Ruhe findet sie über das Singen, Malen oder Qigong. Rachel reagiert auf verschiedene Nahrungsmittel und Kosmetika überempfindlich. Allein Beschreibungen von Missständen und Gewalt erzeugen bei ihr Bilder, die sie tagelang verfolgen. Rachel mag keinen Erwartungsdruck. Im familiären Zusammenleben liebt sie die Achtsamkeit füreinander. Rachel schreibt ab Seite: 37

„Ich darf bewusst Empfindungen erleben, die tief bis in meine Seele wirken."

Nicole ist 37 Jahre alt, Mutter, Ehefrau, Hausfrau und nebenberuflich selbständig in der Beauty- und Wellnessbranche tätig. Ihr Wissensdurst führte sie bereits zu drei abgeschlossenen Berufsausbildungen. Eine weitere könnte folgen. Nicole legt eine sehr detaillierte Beschreibung ihres Erlebens mit der Hochsensibilität vor. Sie stellt dar, wie es sich für sie anfühlt, wenn sie „nur" einen Supermarkt betritt. Für sie gibt es ein „zu viel" von allem. Zu viel Farbe, zu viel Bewegung, zu viele Geräusche, Gerüche und gefühlte Energien. Und doch hat sie ihre Andersartigkeit liebgewonnen. Nicole schreibt ab Seite: 42

„Ich hätte weinen können, so erlöst war ich. Ich bin ja völlig normal!"

Nicci ist 34 Jahre alt, verheiratet und Mutter von zwei Jungs. Sie wohnt in einem kleinen Dorf auf dem Land. Nicci ist es gelungen, ihr Hobby zum Beruf zu machen. Dort kann sie ihre Kreativität einbringen. Nicci erlebt Gefühle intensiv. Sie ist nah am Wasser gebaut und schnell überwältigt. Auch von positiven Dingen. Abstellen würde sie am liebsten ihre Angst. Ihr Misstrauen in die Welt. Nicci schreibt ab Seite: 52

„Ich möchte nicht tauschen, denn es ist eine Gabe."

Stefanie ist 47 Jahre alt. Sie lebt mit ihrer 21-jährigen Tochter in einer kleineren Stadt im Saarland. Stefanie arbeitete in einem Call-Center und erlebte dort „die Hölle". Zwischenzeitlich erkannte sie ihre Hochsensibilität und änderte einiges in ihrem Leben. Sie betreibt Yoga, sie meditiert und vor allem hat sie eine neue berufliche Tätigkeit begonnen. In ihrer Freizeit lebt Stefanie ihre künstlerische Ader aus. Ihre Hochsensibilität macht sie daran fest, dass ihr Außenreize schnell zu viel werden. Sie hat keinen Filter, ihr Erleben ist intensiv. Insbesondere die Ansammlung vieler Menschen an einem Ort ist für sie anstrengend. Trotz aller Herausforderungen sieht Stefanie ihre Hochsensibilität als Gabe an und möchte sie nicht missen. Stefanie schreibt ab Seite: 55

„Die größten Probleme habe ich mit dem erklärungslosen Rückzug"

Elke ist 52 Jahre alt, hat 4 Kinder und lebt in einer kleinen Stadt in Sachsen. Sie selbst ist nicht hochsensibel. Sie hat jedoch mehrere Freundinnen, die hochsensibel sind. Mit einer kann sie darüber reden. Für Elke hat ein Lernprozess begonnen. „Ich kann ihr Verhalten leichter akzeptieren und nehme es nicht persönlich." Elke stellt dar, inwiefern ein gegenseitiges Verständnis beiden helfen kann. Elke schreibt ab Seite: 63

„Ich hatte eine große Sehnsucht nach der Leichtigkeit des Lebens"

Micha ist 45 Jahre alt. Er ist selbst nicht hochsensibel, war aber mit einer hochsensiblen Frau verheiratet und hat mit ihr eine gemeinsame Tochter. Micha beschreibt die Hochsensibilität seiner Ex-Frau in fast allen Bereichen. Nachdem er erst große Schwierigkeiten hatte, die besonderen Bedürfnisse anzunehmen, öffnete er sich dem Thema später und brachte Verständnis auf. „Ich hätte mich noch stärker auf sie einlassen können und ihrer Hochsensibi-

lität mehr Raum geben. Lange Zeit beharrte ich auf meinen festgefahrenen Standpunkten und dachte in 'normalen' Mustern." Warum das Zusammenleben dennoch nicht von Dauer sein konnte, schreibt er ab
Seite: 66

„Ich habe gelernt, dass es mir hilft, auf meine Stärken zu schauen."

Jacqueline ist Anfang 50 und verheiratet. Ihre 4 Kinder sind groß. Jacqueline orientierte sich im Leben neu. Wenngleich sie auch von den typischen Herausforderungen der Hochsensibilität zu berichten weiß, konzentriert sie sich auf ihre Stärken. Den Fokus setzt sie bewusst auf die Freude und verliert ihre persönlichen Ziele dabei nicht aus den Augen. Ihre Erfahrungen aus der Zusammenarbeit mit Pferden helfen ihr dabei. Die buddhistische 3-Fragen-Methode verhilft ihr zu innerem Frieden. Jacqueline schreibt ab Seite: 78

„Ich versuchte ganz normal zu wirken. Aber dieses Schauspiel war zu ungeübt."

Elisa ist 25 Jahre alt. Sie hat mit ihrem Mann Deutschland vor einiger Zeit verlassen. Elisa hatte es in ihrer Kindheit und Jugend nicht einfach. Auch ihre begonnenen und später abgebrochenen Berufsausbildungen standen unter keinem günstigen Stern. Elisas Hochsensibilität wirkt sich vor allem in Problemen im sozialen Bereich aus. Andererseits gewinnt sie ihrer besonderen Sensibilität das positive tiefere Erleben der Liebe ab. Elisa schreibt ab Seite: 82

„Ich konnte nie verstehen, warum sich Menschen ständig mit anderen Leuten treffen müssen"

Velvetdoll ist über 30 Jahre alt. Mit ihrem Freund führt sie eine Fernbeziehung. Velvetdoll arbeitet in der Medienbranche und zieht in ihrer Freizeit die

Gesellschaft von Tieren und Pflanzen vor. Ihre vielfältigen Hobbys reichen vom Computerspielen bis zum Puppen Sammeln. Ihre Hochsensibilität macht sie vor allem daran fest, dass sie vom Kontakt mit anderen Menschen schnell überfordert ist. Velvetdoll ist am liebsten allein. Sie möchte sich dafür nicht mehr rechtfertigen müssen. Velvetdoll schreibt ab Seite: 93

„So bin ich also. So reagiere ich"

Ulrike ist 34 Jahre alt. Sie betreibt mit ihrem Mann eine Praxis, in welcher sie privaten Förder-Unterricht gibt. Ulrike ist dort als Hausaufgabenbetreuerin, Therapeutin, Prüfungscoach etc. tätig. Sie hat Zeiten, in denen sie sehr empathisch und mitfühlend ist und solche, in denen sie am liebsten allein bleibt. Darin sieht sie eine Herausforderung. Ein besserer Umgang mit der Hochsensibilität könnte nach Ulrike dann gelingen, wenn sie sich in einem ersten Schritt überhaupt einmal wahrnimmt. Und die Bewertung der Situation erst in einem zweiten Schritt anstellt. Ulrike schreibt ab Seite: 96

„Oft komme ich mir vor, wie ein Rufer in der Wüste."

Hans-Joachim ist 71 Jahre alt, verheiratet und Vater eines erwachsenen Sohnes. Hans-Joachim hat in seinem Leben reichhaltige Erfahrungen gesammelt. Seine vielseitigen Interessen und Hobbys sind beachtenswert. Hans-Joachim kann Stimmungen anderer Menschen erspüren und beschreibt eine besondere Ausprägung der klassischen Sinne Sehen, Schmecken, Hören, Riechen. Er genießt die Sensibilität als Gabe. Belastend ist es für ihn allenfalls, wenn er Entwicklungen voraussieht und diese ohnmächtig mit ansehen muss, weil sein Umfeld ihm keinen Glauben schenkt. Hans-Joachim schreibt ab Seite: 100

„Sie begeistert mich mit ihren Gedanken"

Kristin ist 35 Jahre alt. Sie hat eine 7-jährige hochsensible Tochter und beschreibt deren tiefsinniges Wesen mit einem erstaunlichen Innenleben. Sie führt jedoch auch eine ganze Reihe anstrengender Aspekte für sie und das Kind auf. „Unsere Tochter hat vermutlich noch einen steinigen Weg vor sich." Zwischenzeitlich hat Kristin verschiedenes im Zusammenleben mit der Tochter geändert, mit einigem Erfolg. Kristin schreibt ab Seite: 108

„Niemand sagt mir mehr: nun stell Dich doch nicht so an!"

Dorothee ist 50 Jahre alt und Mutter von 7 Kindern. Sie ist von Beruf Heilpädagogin. Ehrenamtlich arbeitete sie im ambulanten Hospizdienst. Diese Aufgabe erfüllte sie. In ihrer überschaubaren Freizeit widmet sie sich Handarbeiten und ist gerne in der Natur. Dorothee macht ihre Hochsensibilität in vielen Bereichen fest. Neben allen Herausforderungen freut sie sich dabei insbesondere über ihr besonderes Einfühlungsvermögen. Im Laufe der Jahre hat sie ihren Bedürfnissen immer besser folgen können. So hat sie sich beispielsweise zunehmend von materiellen Dingen entfernt und sich einer natürlicheren, ursprünglichen Lebensweise zugewandt. Dorothee schreibt ab Seite: 114

„Mein Leben gestalte ich selbst und kein anderer!"

Marie ist 50 Jahre alt, verheiratet und hat eine erwachsene Tochter. Sie lebt in einer deutschen Großstadt. In Ihrer Freizeit liest sie, malt Ölbilder, treibt Sport und geht wandern. Marie nimmt Schwingungen in ihrem Umfeld feinfühlig wahr. Sie erkennt Stimmungen und ahnt was passieren wird. Sinneseindrücke wie Geräusche und Gerüche kann sie schlecht filtern. Die Hochsensibilität ist für sie eher Fluch als Segen. Ihr sind deshalb viele Dinge verwehrt, die sie gerne machen würde aber nicht ertragen kann. Positiv empfindet sie hingegen die Fähigkeit, Entscheidungen zu erfühlen. Marie schreibt ab Seite: 126

„Wir alle haben nur dies eine Leben. Es ist keine Generalprobe".

Volker ist 42 Jahre alt, verheiratet und hat 3 Kinder. Er ist in einer leitenden Funktion im Öffentlichen Dienst beschäftigt. Volker hat schon in jungen Jahren viel mit sich selbst ausgemacht. Seine verschiedenen Fähigkeiten wurden durch soziale Ängste und weitere Aspekte zunächst gehemmt. „Ich fühlte mich, als ob mir eine Welt offenstand, die ich aus ärgerlichen – eigentlich unnötigen - Gründen nicht betreten konnte." Erst später konnte er sich annehmen, um dann umso besser ins Leben zu finden. Seine Hochsensibilität kommt ihm nun im Umgang mit Mitarbeitern und im Privaten zu Gute. Volker schreibt ab Seite: 133

„Schuld ist eine Erfindung des Menschen – In der Natur existiert sie nicht".

Katja ist 45 Jahre alt und lebt mit ihrem Mann und ihrer Tochter in Berlin. Sie arbeitet als Coach und Autorin. In ihrer Freizeit ist sie gerne in der Natur, reitet und genießt gemeinsame Abendessen mit Freunden. Für Katja fühlte sich die Erkenntnis der eigenen Hochsensibilität an, als sei ein Schleier von ihrem Gesicht weg gezogen worden. Seitdem hat sie in ihrem Leben eine Menge verändert. Katja spürt, wie es ihrem Gesprächspartner geht. Diese Fähigkeit kommt ihrer Tätigkeit als Coach entgegen. Hinsichtlich der eigenen Bedürfnisse ist sie gleichermaßen achtsam und verbindet Anstrengungen des Alltags mit energetischen Übungen. Katja schreibt ab Seite: 145

„Lehne Dich an Deine Grenzen und sie werden sich weiten".

Lorenz ist 52 Jahre alt. Er arbeitet im sozialen Bereich sowie freiberuflich als Musiker und Portraitzeichner. Lorenz treibt eine große Neugier auf die

verschiedene Aspekte des Lebens um. Die Hochsensibilität wirkte sich dabei schon in früher Kindheit aus. Sie reicht von einer erhöhten Lärm- und Lichtempfindlichkeit bis hin zum Gefühl tiefer Ohnmacht beim Erleben von Ungerechtigkeiten. Trotz aller Herausforderungen freut sich Lorenz über seine Empfindungs- und Reflexionsfähigkeit. Lorenz hat in vielerlei Hinsicht einen Umgang mit seiner Hochsensibilität gefunden. Lorenz schreibt ab
Seite: 149

„Wir hochsensiblen Personen haben jeden Grund, selbstbewusst zu sein".

Maria ist 54 Jahre alt und von Beruf Musikpädagogin und Musikerin. Sie ist geschieden und hat einen 30-jährigen Sohn. Nachdem sie depressionsbedingt viele Therapiestunden hinter sich hatte, fielen ihr „ganze Gebirgsketten" vom Herzen, als sie das erste Mal von Hochsensibilität hörte. Maria erkennt viele helle und dunkle Seiten ihrer Hochsensibilität. Sie hebt ihre extreme Empfindsamkeit in Bezug auf Farben, Formensprache, Stimmungen, Poesie, Töne, Stimmklänge, Tanz und Ausdrucksstärke hervor. Maria schreibt ab Seite: 159

Interviews

Im Folgenden sind die Interviews aufgeführt:

Wie heißt Du?

Heidrun

Was möchtest Du zu Deiner Person erzählen?

Ich bin 63 Jahre alt, habe keine Familie und keine Kinder. Derzeit bin ich arbeitslos. Ich wohne in einer kleinen Stadt in einem 37qm großen Häuschen im Garten zur Miete. Im Winter ist es etwas kalt. Aber ich habe es „schicksalhaft" bekommen und wohne schon seit 7 Jahren hier. Es ist nicht ganz einfach wegen der Vermieter – ich fühle mich leicht beobachtet und bedrängt. Wenn die Vermieter im Garten arbeiten, was ja ihr gutes Recht ist, gehe ich zum Sport. Es kostet mich Überwindung, die Rollläden tagsüber hoch zu ziehen. Ich fühle mich wohler, wenn sie unten sind. Aber ich bemühe mich, nicht zu abweisend zu sein.

Ich spiele laienhaft Viola im Orchester der Musikschule in einer kleinen Stadt. Seit 20 Jahren gehe ich aus Sympathie zum Bauchtanz. Ich trainiere im Sport- und Gesundheitszentrum, weil der Vertrag noch läuft. Ich passe da nicht hin, obwohl ich mich bemüht habe. Es ist der Ruderverein. Eigentlich wollte ich rudern, aber da muss man aus anderem Holz sein.

Kürzlich habe ich Kontakt zu einer Ehrenamtsvermittlung aufgenommen. Ich hoffe, dass ich mich hinreichend überwinden kann, um mich zu beteiligen.

Seit über 40 Jahren meditiere ich, um innere Ruhe und Frieden zu finden. Dadurch habe ich ein sehr schönes Gefühl von „alles ist gut". Ich bin oft zu hibbelig und nervös. Dennoch ist es wohl die Basis und das Ziel meines Lebens, mit mir im Einklang zu sein.

Ich hatte etwa 20 Jahre lang, im Alter von 14-34 Jahren, Bulimie. Trotz vieler Nichtraucherversuche bin ich süchtiger Raucher, es hilft mir beim Abgrenzen. Wenn ich nicht rauchen darf, helfen mir Nikotinkaugummis.

Wie kamst Du darauf, dass Du hochsensibel sein könntest?

Über ein Forum, in welchem ein schwedischer Mitschreiber mit Asperger-Syndrom vor ca. 3 Jahren fragte, ob jemand „HSP" sei. Diesen Begriff hatte ich vorher nie gehört. Alles Weitere geschah dann durch Googeln, einen Test, das Internet und schließlich Bücher.

Ich erinnere mich an einen prägenden Satz einer Mitschülerin beim Schwimmen: „wann wirst du endlich ein richtiger Mensch?" Vermutlich sagte sie das wegen meiner Zaghaftigkeit. Ich konnte beobachten, dass andere Menschen viel mehr „abkönnen". Ein dickes Fell hatte ich mir gewünscht.

Woran machst Du Deine Hochsensibilität fest?

Hochbegabt bin ich nicht, aber manchmal „weiß" ich Dinge einfach. Ohne es steuern zu können, werden mir Zusammenhänge spontan klar. Manchmal weiß ich, was Leute sagen wollen. Ich kann nicht Gedanken lesen, bekomme aber sinngemäß mit, „was rüberkommt.“ Ich bin einfach feinfühlig, was Stimmungen betrifft.

Ich friere mehr, sehe mehr. Ich höre Flöhe husten. Manchmal habe ich ein „Feuerwerk“ im Kopf. Manchmal sind diese Blitzgedanken auch witzig. Wenn jemand krank ist, fühle ich mich auch krank. Manchmal fühle ich mich wie ein Blatt im Wind. Gefühle von „Unwirklichkeit“, aber auch Staunen und sehr liebevolle Gefühle.

Wenn mich jemand bedrängt, werde ich wütend. Andere sehen es vielleicht gar nicht als „Bedrängen“ an. Wenn jemand schreit, erstarre ich. In „hirnlosen“ Menschenmengen entsteht in mir Panik. Ich habe Beklemmungen, bevor ich Menschen treffe. Wenn eine dominante Person auf mich einredet, bleibt mir die Luft physisch weg, selbst wenn diese nur etwas erzählt.

Dies sind nur ein paar Dinge, die mir gerade einfallen. Freude kann mich überwältigen, dann muss ich erst einmal „runterkommen“. Gewalt, auch in Filmen, ertrage ich immer weniger.

Über welche Aspekte Deiner Hochsensibilität freust Du Dich?

Wenn mir spontan etwas klar wird. Ich lerne gerne. Wenn mir im Alltag liebevolle Kleinigkeiten auffallen (die Taube läuft ganz von allein, ohne Motor...), Eichhörnchen, Sonnenuntergänge (bombastisch!). Wenn eine Gruppe von Menschen etwas spontan und ohne Anweisung gemeinsam macht. Wenn „das Leben“ hinter den Dingen spürbar ist. „Gott“ muss viel Humor haben. Oft bin ich vom Leben sehr gerührt. Überhaupt rührt mich so einiges. Schlichte Bemühungen von uneitlen Menschen beispielsweise.

Siehst Du für Dich Möglichkeiten, die Aspekte die Dir eine Freude sind im Alltag noch häufiger hervortreten zu lassen?

Ich könnte mich öfter einmal überwinden, ungewohnte Dinge zu tun. Wenngleich ich das eigentlich schon tue. Ich brauche bloß die Zustimmung des „Unbewussten", das heißt, es muss sich gut anfühlen. Aber ich habe auch gelernt, dass ich nun einmal nicht alles kann, was „normal" ist. Da möchte ich ohne Bitterkeit loslassen.

Welche Aspekte Deiner Hochsensibilität sind eine Herausforderung?

Wie bereits dargestellt, wenn mich jemand bedrängt und ich wütend werde. Wenn jemand schreit und ich erstarre. Panik in Menschenmengen, Beklemmungen, bevor ich Menschen treffe. Dass mir die Luft wegbleibt, wenn eine dominante Person auf mich einredet. Dass ich Gewalt (auch in Filmen) immer weniger ertrage. Auch Freude kann eine Herausforderung sein, wenn sie mich überwältigt und ich erst einmal „runterkommen" muss.

Ich sollte mehr im Moment sein, nicht zu viel denken. „Katastrophen-Mind" hat einmal jemand zu mir gesagt. Die Krim-Krise beispielsweise hat mich in Depressionen versetzt. Ich habe Angst vor den unheilsamen, unbewussten Instinkten von Menschen. Ist das Harmoniesucht aus Angst vor Schmerzen? Es gibt Ängste vor allem Möglichen. Ein mulmiges Gefühl. Sirenen beispielsweise gehen mir durch und durch. Ich weine schnell, aus Hilflosigkeit. Bei Angriffen entstehen Blockaden. Ich kann mich nicht wehren und mag andere nicht verletzen.

Was könntest Du tun, um mit den negativen Seiten Deiner Hochsensibilität besser umzugehen?

Ich kann üben. Den Menschen kann ich zuhören, auch wenn mir ihre Lebenseinstellung banal vorkommt, um zu sehen, wie sie ticken.

Ich kann die Ereignisse annehmen, die sich anbieten und daran trainieren. Auch wenn ich mich am liebsten im Dunkeln einkuscheln würde. Gute Erlebnisse „sammeln", auch wenn es keine Heldentaten sind. Von den Ereignissen Abstand nehmen, die zu sehr überfordern würden. Ich sollte nichts erzwingen wollen, manchmal tut loslassen sehr gut. Leider muss ich einsehen, dass ich mir auch etwas zumuten muss. Die Welt wird nicht so, wie ich sie brauche.

Welche Erkenntnisse und Erfahrungen möchtest Du mit anderen Hochsensiblen teilen?

Vielen Menschen ist es lästig, Rücksicht zu nehmen. Manchmal fordern Hochsensible viel. Sie bestehen aufgrund ihrer Veranlagung auf Vergünstigungen. Dies würde ich versuchen abzustellen. Sich nicht so viele Gedanken darüber machen, was andere denken und erwarten. Oft ist es weniger, als man glaubt. Wenn einem etwas zu viel wird, sollte man lernen, dies nüchtern auszudrücken. Lernen, toleranter zu sein. Jeder ist eben, wie er ist. Wenn jemanden etwas nicht stört, was einen selbst zur Weißglut bringt, ist das schön für ihn. Es gibt keinen Grund, die „Prinzessin auf der Erbse" zu spielen. Dies schreckt andere ab.

Ich würde versuchen, eigene Beobachtungen nur dann zum Ausdruck zu bringen, wenn man das Gefühl hat, das Gegenüber kann etwas damit anfangen. Ich kenne die befremdeten Blicke! Dabei nicht zu zurückhaltend werden. Aber mit diesem Thema bin ich selbst noch nicht „durch".

Wenn man gekränkt ist, sollte man nachdenken, ob es denn wirklich eine Kränkung war. Wie gesagt, man hört die Flöhe husten.

Wie heißt Du?

Binchen

Was möchtest Du zu Deiner Person erzählen?

Ich bin 53 Jahre alt, zum dritten Mal verheiratet und habe aus zweiter Ehe zwei bereits erwachsene Kinder. Meine Tochter ist 22 Jahre alt. Sie hat mich Ende November 2013 zur Omi gemacht und ist auch hochsensibel. Mein 21-jähriger Sohn Tristan nicht. Ich habe zwei Schwestern. Wer aus meiner Familie sonst noch hochsensibel ist, kann ich nicht sagen. Ich denke, dass es mein vor 19 Jahren verstorbener Vater war.

Ich hatte in der Familie immer eine Außenseiterstellung. Meine Kindheit war nicht wirklich schön für mich. Sie gestaltete sich sehr schwierig, da meine Eltern so kompliziert waren. Sie waren wohl auch psychisch instabil. Ich habe viel Angst erlebt und bin schon mit 19 Jahren, sobald ich konnte, zu Hause ausgezogen.

Was aus mir geworden ist, habe ich nur mir selbst zu verdanken. Ich bin im Norden aufgewachsen. Ich wohnte 25 Jahre lang in Lübeck, bin danach beruflich bedingt nach Hamburg gezogen. Dort habe ich ebenfalls 25 Jahre gelebt und meine Kinder groß gezogen. Seit 3 Jahren lebe ich in Leipzig. Ich hatte im Internet einen Mann kennen gelernt, der aus Leipzig kommt. Nach 4 Jahren Wochenendbeziehung habe ich im Alter von 50 Jahren den Schritt gewagt, meinen Lebensmittelpunkt um 400 km zu verlegen. Ich kann also auch sehr mutig sein und etwas Neues wagen. Auch wenn es mich sehr viel Kraft gekostet hat und immer noch kostet. Dies war mir bereits vorher klar. Wir hochsensiblen Menschen stricken ja unsere Gedankenketten schon vorab sehr ausführlich und weit greifend.

Ich lebe im Vorort zur Stadt. Das finde ich am schönsten. Wenn ich möchte, bin ich schnell in der Stadt und lebe dennoch relativ ruhig. Ich hatte in meinem erwachsenen Leben immer wieder Wohnungswechsel. Zu viele, denn ich habe gerne Gewohntes um mich. Am glücklichsten war ich, wenn ich die pure Natur immer in greifbarer Nähe hatte. Das habe ich momentan auch. Ich kann zu Fuß in 15 Minuten an einem großen See sein oder fantastische Fahrradtouren von zu Hause aus beginnen. Das bringt für mich eine hohe Lebensqualität mit sich. Die Natur und die Eindrücke, die ich aufnehme, sauge ich auf. Das gibt mir sehr viel Kraft zurück, denn der Alltag einer hochsensiblen Person kann sehr anstrengend sein.

Ich singe leidenschaftlich gerne. Ich habe eine klassisch ausgebildete Sopranstimme. Da ich aber erst im Erwachsenenalter Unterricht nehmen konnte, war es mir verwehrt, meinen Gesang in einen Beruf zu bringen. Ungeachtet dessen bezweifle ich, dass ich dies tatsächlich gewollt hätte. Mir wurde gesagt, ich hätte gesanglich viel erreichen können, wenn ich zeitiger ausgebildet worden wäre. Das Wort „Oper" fiel in diesem Zusammenhang. Diese Rückmeldung freut mich, wenngleich ich es nervlich niemals ausgehalten hätte, stets auf einer Bühne zu stehen. Mein Lampenfieber killt mich. Dennoch brauche ich immer wieder -3 bis 4 Mal im Jahr - den Kick. Ich singe im Chor und darf dort Solo singen. Das tut mir gut. Auch wenn in den Wochen vorher das Bevorstehende ein Thema bei mir ist und ich nervös bin.

Musik, Kunst und gutes Essen sind für mich lebensnotwendig. Ich verwende viel Zeit mit Kochen und Backen. Ich grübele immer darüber, was ich essen werde. Das ist niemals unbedeutend. Ich kann gar nicht verstehen, wie dies manchen Menschen so egal ist. Wenn ich hungrig bin, bin ich nicht mehr zu genießen. Da kenne ich keinen Spaß. Kunst zu sehen oder zu hören gibt mir viel. Ich habe viele Bilder zu Hause und betrachte diese auch immer wieder gern. Ich umgebe mich mit für mich schönen Dingen. Farbe ist wichtig. Ich liebe es, mich farbig zu kleiden und lege viel Wert darauf, dass alles gut aufeinander abgestimmt ist.

Leider begegnen mir immer wieder Menschen, die wenig tolerant und kleingeistig sind. Viele Menschen langweilen mich sehr. Oberflächliche Gespräche, von einem Thema zum anderen wechselnd, ermüden und frustrieren mich. Ich habe gerade einen Gedanken zu einem Thema, da ist schon das nächste dran. Obwohl ich noch gar nicht fertig bin. Wie öde. Genauso unbefriedigend ist es, wenn Leute beim Reden kein bisschen tiefer gehen und nur an der Oberfläche kratzen. Ich werde immer radikaler dabei, mich aus solchen Situationen auszuklinken. Mit solch einem „rumdödeln" will ich keine Zeit mehr vertrödeln.

Ich selbst bin immer ehrlich und sehr offen. Ich kann auch über meine Schwachstellen sprechen. Ich habe eine hohe Erwartung an andere, werde aber oft nicht so wirklich verstanden. Ich ticke eben als hochsensible Person ganz anders als „Normalos". Das ist nicht nur verletzend, sondern macht innerlich sehr einsam. Ich bin jetzt in einer HSP-Selbsthilfegruppe, um andere Hochsensible kennen zu lernen. Ich kann noch nicht sagen, ob ich dort finde, was ich suche.

Beruflich mache ich etwas sehr nüchternes. Ich bin kaufmännische Angestellte. Ich habe mich aber mit der Tätigkeit arrangiert, es ist okay. Ich bin sehr strukturiert am Arbeitsplatz, sehr verlässlich und gewissenhaft, mag aber keinen Stress haben. Der kostet mich extrem viel Energie.

Wie kamst Du darauf, dass Du hochsensibel sein könntest?

Dass ich anders ticke, hatte ich schon lange bemerkt. Nur benennen konnte ich es nicht. Ich dachte immer, ich sei schwierig, nicht richtig. Daher hatte ich mich sehr bemüht, bloß nicht aufzufallen. Ich wollte doch so sein wie alle anderen, mein Leben lang. Meine Tochter brachte mich darauf. Wir schreiben uns jeden Tag Emails, weil sie weit weg in Abu Dhabi lebt. Ich habe ihr von Erlebnissen geschrieben und wie verletzt ich wieder vom Verhalten anderer war. Ich betitelte mich halb scherzend, halb traurig als „Weichei". Sie schrieb dann zurück: „Mami, Du bist kein Weichei, Du bist hochsensibel. Schau mal bei www.zartbesaitet.net nach". Das tat ich. Ich las und las, machte den Test und bestellte das Buch von Georg Parlow. Der Test war ganz eindeutig und was ich las, war wie eine Offenbarung für mich. Das war ja ich, über die dort geschrieben wurde. Wow, endlich ein Begriff und Wahrheit und kein Verstecken mehr. Für mich erklärte sich auf einmal ganz, ganz Vieles. Ich konnte mich begreifen. Ich musste mir nicht länger dafür böse sein, dass ich nicht so bin wie die meisten. Auch die Erkenntnis, dass ich ganz intuitiv bereits ein gutes Selbstmanagement entwickelt hatte, freute mich total. Gleichzeitig war da aber auch ein Gefühl von Hilflosigkeit nach dem Motto „und was fange ich jetzt damit an?" Ich habe alle Tests gemacht, die ich finden konnte. Alle. Und alle in Abständen mehrmals, um mir immer wieder die Bestätigung zu geben: ja, es stimmt, Du bist eine hochsensible Person.

Woran machst Du Deine Hochsensibilität fest?

Ich bin einfach viel empfindlicher als andere. Erschöpfung kann unmittelbar einsetzen. Die Vorwarnphase ist ganz kurz. Nehmen wir einmal an, ich bin in der Stadt. Weil ich dort shoppen und unter Menschen sein will. Dann geht es nach etwa ein- bis eineinhalb Stunden los, dass ich mich wie aus dem Wasser gezogen fühle. Von Hundert auf Null. So fix und fertig. Erschöpft, als läge ein zentnerschwerer Stein auf meiner Brust. Alles was ich denke und will lautet: „ich muss da raus". Es macht mich aggressiv, wenn ich das nicht kann, weil ich beispielsweise zusammen mit einem anderen in der Stadt bin und dieser noch länger bleiben will.

Grelles Licht, besonders Oberlicht, stört mich total. Das ist mir viel zu hell. Und von oben. Igittigittigitt. Das muss aus und zwar schnell. Wohl fühle ich mich bei indirektem Licht, lieber zu dunkel als zu hell.

„Musikgedudel" während einer Unterhaltung geht nicht. Das macht mich nervös. Ich möchte Musik hören oder reden, nicht beides gleichzeitig.

Ich kann keinen Hunger ertragen. Mir wird richtig schlecht, wie bei einem Diabetiker, obwohl ich keiner bin. Essen ist ganz wichtig. Dabei ist es nicht egal, was ich esse. Ich muss wirklich Lust auf das haben, was ich esse. Ich verwende viel Zeit darauf, mir zu überlegen, was ich denn essen möchte. Es muss geschmacklich für mich passen. Das Verspeisen selbst zelebriere ich auch. Hmmm, welch ein Genuss das sein kann. Mein Mann sagt, er kenne niemanden, der sein Essen so genießen würde wie ich. Man sähe es mir an. Ich lasse mir viel Zeit dabei. Ich bin immer die Letzte, die fertig ist.

Auch gute Düfte oder etwas Schönes zu visualisieren ist mir wichtig. Ich erfreue mich an Kleinigkeiten, die ich sehe. Ich kann aber ebenso sehr niedergeschlagen werden, wenn ich Elend und Zerstörung sehe. Deshalb kann ich nicht wie andere Menschen fernsehen oder Kinofilme schauen. Ich muss da selektieren. Möglichst keine Gewalt und Brutalität, sonst bin ich danach noch über Stunden total fertig und aufgeregt.

Das Lesen ist eine fantastische Sache. Ich tauche ab in eine andere Welt. Ich brauche aber totale Ruhe dafür. Dann kann ich eine spannende andere Wirklichkeit haben und diese auch nach dem Lesen im Kopf weiter spinnen. In der Fantasie kann ich andere Leben leben und in andere Welten abtauchen. Das Lösen daraus ist wiederum schwer und braucht seine Zeit. Die Entspannung, die ich daraus ziehe, ist enorm. Sie gelingt mir jedoch nicht mit jedem Buch.

Ich habe einen ausgeprägten Gerechtigkeitssinn. Als Kind habe ich die Gummibärchentüte mit meiner Schwester teilen müssen. Also wurden alle Bären nach Farben sortiert und dann geteilt. Ging die Zahl nicht auf, wurde der eine übrig gebliebene Bär auch noch durch zwei geteilt. Das war ganz wichtig. Heute teile ich zwar keine Gummibärchentüten mehr, aber ich habe bei meinen Kindern sehr darauf geachtet, dass alles ganz fair aufgeteilt wurde. Jedes Kind bekam gleich viel Zuwendung, Geschenke pp. Über Ungerechtigkeiten kann ich mich aufregen und immens zornig werden. Da kann ich mich auch nicht wieder beruhigen, da werde ich zum Kämpfer auch für andere.

Ich bin sehr aufmerksam und sehe meinem Gegenüber die Stimmung an. Ich fühle Stimmungen anderer im Raum. Das hat Auswirkungen auf mein Wohlgefühl. Mir kann man da auch nichts vormachen. Ich merke, wenn mich jemand anlügt. Ich meide jetzt Menschen, die es nicht gut mit mir meinen. Wenn ich trotzdem solchen Situationen ausgesetzt bin, etwa am Arbeitsplatz, wo ich nicht ausweichen kann, beeinflusst das meine Stimmung sehr. Ich kann es nicht vertragen, wenn man unfreundlich zu mir ist. Das nehme ich sehr persönlich. Eigentlich könnte es mir ja bei Idioten völlig egal sein, ist es aber nicht. Ich finde es unfair und ungerecht, wenn ich weder etwas Falsches gesagt oder getan habe. Das kann mich dann lange beschäftigen, bis in die Nacht und mich wenig schlafen lassen.

Ich kann nicht mit anderen Menschen in einem Raum schlafen. Doch ich kann, aber sehr schlecht. Ein Beispiel: Ich war auf einer Chor-Freizeit, untergebracht in 4-Betten-Zimmern. Ich kannte die einzelnen Zimmerbewohner schon, aber sie waren mir nicht wirklich vertraut. Also konnte ich mich nicht entspannen und schlief so gut wie nicht. Nach zwei durchwachsenen Nächten war ich total groggy und brauchte Tage, um wieder aufzutanken. Also mache ich das heute nicht mehr so. Entweder bekomme ich ein Einzelzimmer oder ich fahre nicht mit. Oder ich fahre zur Nacht nach Hause, wenn es die Entfernung erlaubt. Ich sorge da jetzt für mich.

Auch mit meinem Partner kann ich nicht gut in einem Bett schlafen. Das macht mich traurig, es ist aber so. Deshalb schlafe ich jetzt alleine. Atem- und Bewegungsgeräusche - auch nur ganz leichte - lassen mich immer wieder hochschrecken. Liegt ein Arm um meine Taille und der Finger zuckt ein bisschen, werde ich wahnsinnig. Wird mir der Atem in den Nacken gepustet beim Ausatmen, könnte ich irgendwann schreien. Ich kann dann richtig hysterisch werden, weil ich müde bin und schlafen will und „man mich nicht lässt".

Musik hören, tanzen oder singen mit einem anderen im Raum, wenn auch noch so vertraut, geht für mich nicht. Das ist nicht intim genug für mich, um mich mit solchen - für mich ganz persönlichen - Sachen zu beschäftigen. Ich habe jetzt ein eigenes Zimmerchen. Hierhin kann ich mich zurückziehen. Wenn „Bitte nicht stören" an der Tür hängt, dann gilt genau das. Ich bin gerne alleine. Nicht pausenlos, aber es ist dennoch eine super gute Sache.

Über welche Aspekte Deiner Hochsensibilität freust Du Dich?

Meine Gabe, die Stimmungen anderer aufzufangen, ist sehr positiv für mich. Da ich als gute Zuhörerin auch zwischen den Worten höre. Man öffnet sich mir dann sehr. Ich merke, wie es anderen gut tut, dass da eine ist, die zuhört, die gezielt fragt und die einfach da ist. Mir erzählen Menschen ihre Sorgen und Nöte. Ich merke an den Reaktionen, dass man mich deshalb schätzt. Allerdings mache ich das nur bei Menschen, die etwas in mir anrühren.

Kinder gehen schnell auf mich zu und zeigen mir ihre Zuneigung. Ich habe gegenüber Kindern keine Hemmschwelle, wie so viele andere Erwachsene, die nicht mehr so recht wissen, wie sie mit Kindern kommunizieren sollen.

Mir fällt das ganz leicht. Ich weiß auch noch genau, wie man sich als Kind fühlt. Genauso ist es mit Teenagern. Die werden so oft wie lästige Insekten behandelt, weil sie laut und doof sein können. Ich sehe aber die Not, die sie haben. Noch so hin und her gerissen zu sein. Ich sehe, wie sie darunter leiden, dass man sie nicht für voll nimmt. Ich nehme sie ernst, wahrscheinlich ist es das. Ernst genommen zu werden und dass da eine ist, die nicht gleich vorverurteilt. Ja, das ist eine Stärke von mir, das Gespür für andere.

Ich durchschaue andere einfach. Ich sehe, was aufgesetzt ist. Ich sehe die Unsicherheit, die Verklemmtheit. Das rührt Mitleid bei mir an. Es gibt auch unangenehme Eigenheiten, die ich nicht mag. Dann lasse ich Menschen auch links liegen.

Ich freue mich einfach, dass ich vieles sehr intensiv aufnehme. Das Glück hat ja nicht jeder. Wie schade! Gerüche können Genüsse sein, hinsehen kann Gutes sehen bedeuten, fühlen kann Schönes fühlen bedeuten, schmecken kann Genuss sein. Hören können kann der höchste Genuss sein, wenn man wunderschönen Stimmen lauschen kann und herrliche Kompositionen hören darf. Die dunkle Seite gibt es natürlich auch, wenn es zu viel wird oder es das Falsche ist. Dies für sich zu selektieren und sich das Beste dabei zu nehmen ist die Kunst.

Siehst Du für Dich Möglichkeiten, die Aspekte die Dir eine Freude sind im Alltag noch häufiger hervortreten zu lassen?

Ja der Alltag laugt zu sehr aus. Das kostet so viel Energie und Zeit, um sich zu regenerieren. Es bleibt leider zu wenig Zeit für die „guten" Dinge. Ich habe schon öfter überlegt, ob ich nicht meinen Beruf aufgeben sollte, weil sich dort so viele unsensible Menschen sammeln. Ich könnte in einem sozialen Beruf mit Kindern viel zufriedener sein. Als meine Kinder klein waren, arbeitete ich sieben Jahre lang im Pädagogikbereich. In der Grundschule als Betreuungskraft und in der Musikschule für die musikalische Früherziehung mit Kindergartenkindern. Das hat mir viel Freude gemacht. Ich hatte aber in beiden Fällen nur eine Teilzeitstelle. Allein im Haushalt, mit zwei halberwachsenen Kindern, musste ich irgendwann wieder richtig Geld verdienen. Es ist in Deutschland sehr schwer, ohne entsprechende Berufsausbildung und Abschluss den Job zu wechseln. Das Ganze ist gedanklich noch nicht richtig ausgereift bei mir. Ich wäre auch gerne selbstständig, mit einem Geschäft, welches Café und Laden in einem wäre. Da hätte ich mit Menschen zu tun und wäre mein eigener Chef. Ich befürchte aber, dass ich dies kräftemäßig nicht mehr packe.

Hinsichtlich meiner Naturverbundenheit nutze ich schon jetzt meine Freizeit für entsprechende Aktivitäten. Ich gehe fast jedes Wochenende wandern. Im Wanderverein, in einer Gruppe mit netten Leuten. Das ist richtig gut für mich und bereichert mein Leben schon sehr.

Ich finde mein Leben eigentlich ganz gut. Ich bin zufrieden und sorge für mich. Vor ein paar Jahren hätte ich noch anders geantwortet. Das ist das Gute am Älterwerden. Man ist mit sich selbst mehr im Reinen und weiß, was einem gut tut und was nicht. Ich finde, dass ich einen guten, gesunden Egoismus entwickelt habe. Denn nur wer gut zu sich ist, kann auch gut zu anderen sein. Selbstzweifelphasen und Momente der Selbsttrauer sind dabei erlaubt. Du gehst durch das Tal und es ist dunkel und Du steigst hoch auf den Berg. Der Weg ist beschwerlich, aber oben ist wieder Licht.

Welche Aspekte Deiner Hochsensibilität sind eine Herausforderung?

Schwierigkeiten habe ich mit Massenveranstaltungen. Diese werden mir schnell zu viel, so wie der Besuch in der Stadt, den ich geschildert habe. Weihnachtsfeiern gehören zum Dasein eines Erwerbstätigen. Ich gehe hin, aber nicht so lange. Total ausgliedern will ich mich von solchen Ereignissen nicht. Es ist wichtig, bei solchen Situationen immer wieder in sich hinein zu horchen. Um dann zum eigenen Wohl zu handeln, wenn es schlechter wird. Der Maßstab anderer sollte da keine Rolle spielen. Ich sage immer ehrlich was los ist. Die anderen können es dann verstehen oder eben nicht.

Abstellen würde ich gerne die Gedankenschleifen, wenn mich etwas beschäftigt. Nach einem Negativerlebnis zum Beispiel, wenn jemand ungerecht und unfreundlich zu mir war. Ich kann mir das dann unangemessen zu Herzen nehmen. Dass dies unangemessen ist, bemerke ich in der Situation allerdings nicht, sondern erst hinterher. Dann habe ich schon eine Nacht schlecht oder gar nicht geschlafen und es hat mich viel Energie gekostet. Ich hätte gerne eine „l.m.a.A.-Haltung". Zumal es auch Konflikte mit Leuten sein können, die mir nicht viel bedeuten und mich trotzdem so sehr beschäftigen. Ich kann dann nicht locker lassen.

Manchmal rede ich mich zu sehr in Rage und schraube mich gefühlsmäßig immer weiter hoch. Mir fehlt dann der Knopf, um runter zu kommen. Zwar merke ich das im selben Moment, kann aber trotzdem ich nichts dagegen machen. Ich lasse zu viel an mich heran. Ich hätte gerne eine dicke Haut, wie andere.

Was könntest Du tun, um mit den negativen Seiten Deiner Hochsensibilität besser umzugehen?

Ich denke, dass ich auf dem richtigen Weg bin und immer besser mit mir umgehe. Ich habe gemerkt, dass ich stark bin. Mein Leben richte ich jetzt mehr auf mich ein. Ich muss nicht mehr so sein, wie andere. Ich muss von mir keine Dinge verlangen, die ich nicht leisten kann. Diese Selbsterkenntnis ist meine Strategie.

Ich lasse mir mehr Zeit, lasse die Dinge sich entwickeln. Manchmal gibt es keine sofortige Lösung, sondern die Zeit bringt sie mit sich. Leben ist immer im Wandel. Nichts bleibt wie es war. Eine tiefe, dunkle Zeit wird von einer hellen, guten Zeit abgelöst. So geht es weiter und weiter.

Ich war schon immer ein fröhlicher Mensch, trotz allem, was ich erlebt habe. Ich lasse mich nicht unterkriegen, sondern stehe immer wieder auf. Diese Gewissheit ist tröstlich und hilfreich für mich. Ich mache jetzt viele Sachen in meiner freien Zeit, die ich mag. Auf diese konzentriere ich mich. Und wenn ich Fehler mache, merke da tut mir etwas nicht gut, dann steuere ich dagegen. Ich lasse sie in Zukunft sein. Ich muss nichts machen, was mir schwer fällt oder zu viel Kraft kostet. Das verstehe ich unter Selbstmanagement.

Ich hoffe darauf, immer besser auf mich achten zu können. Nach Phasen, in denen ich dies aus den Augen verliere und hinfalle, analysiere ich hinterher woran es gelegen hat und warum es so passiert ist. Ich umgebe mich mit Menschen, die mir wohlgesonnen sind. Die anderen lasse ich hinter mir. Verletzen tut es mich trotzdem, aber ich kann mir sagen: „Du bist hochsensibel, Du kannst jetzt halt nicht anders. Es wird auch wieder aufhören weh zu tun. Mach was Schönes, tu Dir was Gutes".

Welche Erkenntnisse und Erfahrungen möchtest Du mit anderen Hochsensiblen teilen?

Tu Dir Gutes - nur wer gut zu sich ist, kann auch geben.

Wenn eine Situation ungut für Dich ist, dann begebe Dich aus ihr heraus. Nur Du kannst Dein Leben für Dich ändern. Du hast die Strippen in der Hand, warte nicht darauf, dass es jemand anderes macht. Tue es selbst!

Suche Dir Gleichgesinnte. In die Isolation zu flüchten, macht nur einsam. Es gibt da draußen 20 Prozent von uns, die uns verstehen können und auch nicht alleine sein wollen.

Wie heißt Du?

Rachel

Was möchtest Du zu Deiner Person erzählen?

Ich bin 64 Jahre alt und stehe kurz vor der Aufgabe meiner Berufstätigkeit. Ich bin Atem,- Sprech-, Sprach- und Stimm-therapeutin sowie Lehrerin.

Da ich schon als Kind ab 4 Jahren anders und besonders behandelt wurde – ich war bis zum 12. Lebensjahr Bettnässer, eher zu mager und extrem ängstlich - stand mein ganzes Leben unter dem Versuch „normal“ zu sein. So zu werden, wie die anderen. Je selbstständiger und aktiver ich wurde, umso mehr konnte ich mich so zeigen, wie es mir wirklich ging.

Früher habe ich am Theater als Tänzerin und Schauspielerin gearbeitet. Ich arbeitete meistens selbständig. Dadurch konnte ich meine Arbeitszeiten und meine „Ordnung“ so gestalten, dass es mir gut ging. Ich glaube, dass mir die Kunst sehr geholfen hat, mich im Alltag zu „retten“. Bis heute kann ich mich beim Singen, Malen und Qigong üben so einstellen, dass mir die Außengeräusche und die Umgebung nicht mehr bewusst sind.

Ich habe ein Kind und Enkelkinder, die alle sehr empfindsam sind. Da wir jedoch darauf geachtet haben, ihre starke Sensibilität zu achten und zu respektieren, können sie den Alltag mit Schule und Arbeit meistens gut meistern. Für uns ist es in der Familie „normal“, auf den anderen zu achten und liebevoll miteinander umzugehen. Wir lassen uns Zeit, um hinzuhören.

Ich wohne in einer Kleinstadt in Baden Württemberg. Die Großstädte Frankfurt und Stuttgart waren mir durch die verschmutzte Luft und die vielen Menschen zu viel geworden.

Wie kamst Du darauf, dass Du hochsensibel sein könntest?

Vor etwa einem Jahr habe ich in einem Prospekt einen Kurs gefunden, der mit dem Titel „von Hochsensibel zu Feinfühligkeit“ geworben hat. Dort kam das Kürzel „HSP“ vor. Ich habe daraufhin im Internet nachgelesen. Als ich meinem Arzt davon berichtete, tat er es ab. Er sagte, dass sie als Ärzte regelmäßig damit zu tun hätten, nur gäben sie diesem Umstand keinen

Namen. Man müsse nicht alles katalogisieren. Ich finde es hingegen gut, dass darüber gesprochen und berichtet wird. Auf diese Weise sind wir mit unseren sehr empfindlichen Seelen und Gefühlen nicht so allein. Ich glaube, dass es eine hohe Dunkelziffer von Menschen gibt, denen es auch so geht. In der Logopädie-Praxis kommt es oft vor, dass darüber gesprochen wird. In der Ausbildung aber nicht. Stotternde Menschen brauchen beispielsweise eine besondere Behandlung und Verständnis genau in dieser Hinsicht. So können sie erkennen, dass sie mit ihren Empfindungen nicht alleine sind.

Woran machst Du Deine Hochsensibilität fest?

Ich mag keine „Geschäftstüchtigkeit", keinen Wettbewerb und keinen Druck in jeglicher Hinsicht. Also auch keinen Zeitdruck.

Ich hatte viele Allergien und musste lernen, mit meinen Überempfindlichkeiten umzugehen. Auch in der Ernährung. Damit meine ich beispielsweise, keine stark gewürzten oder scharfen Speisen zu essen, keine üppigen Cremetorten, lieber erst weniger auf dem Teller zu haben etc.

Grobe Witze mag ich nicht und leide sehr mit, wenn über Gewalt gesprochen wird. Ich meide Krimis und Zeitungsartikel, die zu deutlich Missstände und Gewalt beschreiben. Die Bilder davon begleiten mich in meiner Phantasie tagelang.

Ich kann in keinen Neubauten aus Beton leben. Dort habe ich langfristig immer Gefühle der Enge, Allergien und „Luftnot". In der Stadt habe ich Probleme damit, mich lange dort aufzuhalten, weil der Boden entweder zu hart und unlebendig ist oder mich die Tiefgaragen darunter verunsichern.

Natur ist notwendig für mich, um zu regenerieren. Ich merke sofort, wenn mir ein Nahrungsmittel, ein Getränk oder Kosmetik unbekömmlich ist. Ich lebe deshalb schon sehr lange fast ausschließlich von Bio-Produkten ohne Konservierungsstoffe.

Früher hat mich vieles geekelt. Ich habe nie geraucht und trinke selten Alkohol und wenig Kaffee.

Welche Aspekte Deiner Hochsensibilität sind eine Herausforderung?

Es ist für mich immer noch schwierig mich wohl zu fühlen, wenn mehrere Leute zusammen stehen und belanglose Gespräche führen. Da ich die wirklichen Gefühle und Gedanken anderer schnell mitbekomme, bin ich oft peinlich berührt. Wenn die Menschen registrieren, wie viel ich tatsächlich mitbekomme, haben sie meist erst etwas „Angst" vor mir und meiden den Kontakt. Deshalb musste ich schon früh lernen, vieles für mich zu bearbeiten und nicht über alles, was ich wahrnehme, zu reden. Ich bin eine Einzelgängerin geblieben. Ich habe dennoch eine liebevolle Familie, Freunde und Freundinnen, die mich so nehmen wie ich bin und sich durch meine sensible Art selbst erlauben, mir viel über ihr Innenleben zu erzählen. Ohne Maske und Halbwahrheiten.

Wie gehst Du heute mit Deiner Hochsensibilität um?

Bis vor einem Jahr dachte ich, dass all diese Aspekte meiner Sensibilität, mit meinem künstlerischen Wesen zu tun haben. Ich erkenne vieles im Voraus.

Inzwischen kann ich diese „Gaben“ für andere einsetzen, wenn diese es wünschen. Meine Ängste vor Dunkelheit, Feuer, fremden Menschen, Hunden und vielen anderen Kleinigkeiten (auch beim Lernen in der Schule), habe ich komplett eigenständig ausgeheilt. Wenn „Heilung“ geschehen ist, geschah sie wertneutral durch Licht und Liebe.

Nun, im „Alter“, stehe ich komplett zu allem, was ich will und kann. Durch mein künstlerisches Leben und meine Begabung im Heilen und im Erklären von Abläufen, werde ich geachtet. Aufgrund meiner Güte und Feinfühligkeit werde ich geliebt. Es hat lange gedauert, bis ich diese inneren „Unfertigkeiten“ der Hochsensibilität als Begabungen und gute Eigenschaften annehmen konnte. Ich bin nie eifersüchtig, kenne keinen Hass und keinen Zorn. Ich rede nicht gerne negativ über andere und mag keine scheinbaren Diskussionen, in denen jeder nur den anderen überzeugen will. Ich habe gelernt, wenn es nicht anders geht, kurz auch einmal meinen Unmut zu zeigen. Wenn ich etwas kräftiger meine Meinung sagte, will ich mich meistens bald entschuldigen. Ich will ein friedliches Leben mit allen führen. Also kläre ich die Situation noch einmal in Ruhe oder ich entschuldige mich, wenn ich etwas falsch verstanden habe oder im Unrecht war.

Ich konnte nie gut mit Geld umgehen, weil ich viel zu schnell alles hergebe was ich habe. Das ist auch bezüglich meiner Erkenntnisse so. Meine Gaben wurden natürlich auch oft ausgenutzt, vor allem in der Ehe und in Beziehungen. So lebe ich lieber alleine. Jetzt kann ich ganz gut alles abwägen und auf mich aufpassen. Ich liebe Kinder und Tiere sehr und begreife deren Gefühle schneller als andere. Dadurch war ich eine gute Lehrerin und Logopädin.

Zuletzt ist mir aufgefallen, dass ich gelernt habe, nicht mehr so stark alles auf mich zu beziehen, beispielsweise wenn jemand eine Kritik allgemein ausspricht. Oder wenn gelacht wird, während ich gerade einen Raum mit anderen Menschen betrete.

Wie heißt Du?

Nicole

Was möchtest Du zu Deiner Person erzählen?

Ich bin 37 Jahre alt, Mutter, Ehefrau und Hausfrau. Nebenberuflich bin ich selbständig in der Beauty- und Wellnessbranche tätig. Wir wohnen in ländlicher Gegend in einem 6000–Seelen Dorf, am Rande des nördlichen Schwarzwaldes.

Eine meiner Hauptinteressen gilt dem Anhäufen von Wissen. Dafür nehme ich mir ein neues Thema vor und verliere mich extensiv darin. Dies mache ich bis zu dem Zeitpunkt, an dem das angestrebte Ziel erreicht ist. Dies kann beispielsweise das Bestehen einer Prüfung sein oder dann vorliegen, wenn ich der Meinung bin „gut genug“ darin geworden zu sein. Hier kann ich etwa das autodidaktische Erlernen des Gitarrenspieles benennen. Mit dieser „perfektionistischen“ Einstellung habe ich bereits drei vollwertige Berufsausbildungen erlernt und könnte mir vorstellen, dass noch eine weitere dazu kommt. Oft kommt es mir so vor, als würde diese „Findungsphase“ nie zu Ende gehen.

Ich versuche in meiner freien Zeit regelmäßig Ausdauersport zu treiben, da ich sonst das Gefühl habe nicht belastbar genug zu sein. Allerdings reagiert mein Körper mit Schwächeanfällen, wenn ich es übertreibe und eine Ruhephase notwendig ist. Manchmal kommt es mir so vor, als würde die sportliche Betätigung ebenfalls nicht selektierbare Reize in meinem Körper aussenden, die für eine Überlastung sorgen.

Gern beschäftige ich mich mit Musik und anderen kreativen Tätigkeiten, was mir meist ein hohes Maß an Erholung schenken. In dieser Zeit schaltet mein Kopf auf „Stand-By" und ich hänge nicht ständig irgendwelchen Gedanken nach.

Ich liebe Tiere und die Natur, in der ich mich gerne aufhalte. Im Sommer bin ich gerne in unserem Garten und kümmere mich um dessen Gestaltung und die Pflanzen.

Während ich bis vor einiger Zeit noch sehr eingefahren und intolerant bezüglich meines Wertedenkens war, versuche ich heute nicht mehr über Menschen und ihre Handlungsweisen zu urteilen. Eine der wichtigsten Aufgaben in meinem Leben sehe ich darin, meinen Kindern eine liebevolle, wohlwollende und kindgerechte Erziehung zukommen zu lassen. Diese beinhaltet auch das Vorleben und Thematisieren von christlichen Werten. Dies allerdings relativ frei interpretiert und nicht dogmatisch ausgelegt.

Andere sehen in mir einen Menschen der sehr verschlossen ist und zurück gezogen lebt, ohne den Wunsch sich aktiv am gesellschaftlichen Leben zu beteiligen.

Als Kind und Jugendliche hatte ich oft Probleme mit Gleichaltrigen, weil ich „anders“ war. Ich hatte sehr oft Streit mit meinem Vater und habe unter seiner aggressiv-dominanten Art gelitten. Meine Mutter tat das ab, nannte mich „Sensibelchen“ und dass ich mich nicht so anstellen solle. Dieses und das Empfangen der schlechten Stimmung zwischen meinen Eltern, ließ in mir im Alter von 11 Jahren den Wunsch aufkommen, auf ein Internat gehen zu wollen. Leider wurde dieser Wunsch nur belächelt. Ich denke, es hätte allen Beteiligten viel Kummer erspart.

In dieser Lebensphase habe ich sehr viel Zeit in das Musizieren investiert, war es doch die Möglichkeit, abzuschalten und mich auf mich selbst konzentrieren zu können. Ich nannte es im Heimlichen mein „Tagebuch“, da ich alle Gefühle, Nöte, Ängste und Sorgen mit meiner Musik kompensieren konnte.

Als junge Erwachsene erkrankte ich an Magersucht und daraus resultierend an einer Depression. Ein stationärer Aufenthalt und vier Jahre ambulante Therapie waren notwendig. Hochsensibilität war aber während dieser ganzen Phase nie ein Thema in den Sitzungen mit meiner Psychologin.

Wie kamst Du darauf, dass Du hochsensibel sein könntest?

Nach der Geburt meines Kindes glitt ich in eine zweite Depression, die 5 Jahre lang unbehandelt blieb. Nachdem mir meine Situation bewusst wurde und ich ärztliche Hilfe erhielt, habe ich mich selbstständig auf die Suche gemacht. Ich wollte erfahren, was mit mir nicht „stimmt“, habe mich viel mit mir selbst auseinander gesetzt, mich reflektiert und hinterfragt. Im Internet bin ich dann auf die Thematik Hochsensibilität gestoßen. Sofort wusste ich, dass ich zu diesem Kreis gehöre. Endlich konnte ich es benennen.

Woran machst Du Deine Hochsensibilität fest?

Sowohl damals als auch heute habe ich oft das Gefühl, nicht dazu zu gehören, beziehungsweise anders zu sein als der Großteil der Menschen. Oft denke ich mir, dass ich sie nicht verstehe und begreife und sie mich auch nicht. Kommunikation auf völlig unterschiedlichen Kanälen.

Dadurch begründet habe ich wenige Menschen, die ich zu meinen Freunden zählen würde. Meine sozialen Kontakte darüber hinaus sind ebenfalls sehr beschränkt. Dies hat aber auch mit einer Art „Selbstschutz“ zu tun: Je näher mir ein Mensch steht, umso schwerer fällt es mir, mich emotional von ihm zu distanzieren. Dies bedeutet, dass ich mein Fühlen und Agieren ganz auf mein Gegenüber einstelle. Mitfühle, mitleide, aber natürlich auch mitfreue bei schönen Ereignissen.

Ganz allgemein gesagt: In meinem Erleben gibt es ein „zu viel“ von allem. Zu viel Farbe, zu viel Bewegung, zu viel Geräusche, zu viel Gerüche, zu viel gefühlte Energien...

Im Alltag äußert sich das zum Beispiel darin, dass es für mich sehr anstrengend ist einkaufen zu gehen. Kaum habe ich das Geschäft betreten, blendet mich das grelle Licht. Ich kann die vielen unterschiedlichen Waren in den Regalen nicht erfassen, Gerüche von Kaffee, Lauch, Bananen, Zucker, Käse, Salami usw. strömen auf mich ein. Die Geräusche, wie das Rollen der Einkaufswagen, Menschen die sich unterhalten, Kassenklingeln, Geraschel der Nudelverpackungen überfluten mich. Dazu kommen noch das geschäftige Umherlaufen der kaufenden Menschen auf der Suche nach den Lebensmitteln auf ihrer Liste, Angestellte, die Regale einräumen und Kinder, die durch den

Raum springen. Zudem empfange ich die Stimmungen verschiedener Menschen, die sich in meiner Nähe aufhalten. Die ältere Dame, die vor Schmerzen vergrämt ist; das Kind, das wütend ist, weil es seine Süßigkeiten nicht mitnehmen darf; der Angestellte, der sich sorgt, ob er heute pünktlich Feierabend machen kann; die Mutter, die über die Lehrerin ihres Kindes verärgert ist.

All dies manifestiert sich in meinem Kopf zu einem großen Knäuel an Eindrücken, die verarbeitet werden wollen. Und zwar alle auf einmal. Als Folge bekomme ich, kaum dass ich 2 Minuten in diesem Geschäft stehe, Sehstörungen (Verschwimmen vor meinen Augen) und Taubheitsgefühle in meinem Kopf und in meinen Händen. Alles fängt an sich zu drehen. In diesen Situationen entwickele ich eine Art „Tunnelblick". Ich bin dann für niemanden ansprechbar, erkenne die Menschen um mich herum nicht und höre nicht, wenn ich gerufen werde. Dieser „Zustand" ist für mich allerdings sehr anstrengend und bedarf eines hohen Maßes an Disziplin, Selbstkontrolle und Konzentration.

Wenn ich den Laden verlassen habe, bin ich schweißgebadet. Endlich zu Hause angekommen, habe ich oft nicht einmal die Energie, die gekauften Lebensmittel einzuräumen. Ich möchte nur in mein ruhiges Zimmer und mich hinlegen.

Genauso empfinde ich auf Großveranstaltungen, Familienfeiern, Konzerten, Spielplätzen, Kinosälen, Lokalen und öffentlichen Plätzen.

Ein weiteres Merkmal ist die Art und Weise, wie ich Berührungen empfinde. Sie dürfen nicht zu leicht sein und es darf nicht ständig über dieselbe

Hautstelle gestrichen werden. Innerhalb kürzester Zeit kommt es dabei zu einer Überstimulation der entsprechenden Hautareale. Zuerst äußert es sich in einem unangenehmen Gefühl wie bei leichter Stromreizung. Dadurch entsteht eine unangenehme Spannung in meinem Körper, die sich bis in Aggression steigern kann. Vor allem im sexuellen Bereich kann das zu Irritationen bei dem Partner führen. Wird die Hand aufgelegt und nicht bewegt, vergeht kaum eine Minute, bis ich das Gefühl habe, dass die Haut darunter anfängt zu glühen und die Hand fühlt sich sehr schwer an. Es gibt Tage, da kann ich es gar nicht aushalten, angefasst zu werden.

Ein weiteres Thema, welches ich meiner Hypersensibilität zuordne, sind gewisse Ahnungen. So bekomme ich beispielsweise das dringende Bedürfnis, Kontakt aufzunehmen. In der Vergangenheit habe ich dann in solchen Situationen erfahren, dass der Lebenspartner sich getrennt hat, die Pflegekinder aus der Familie genommen wurden oder ein Klinikaufenthalt notwendig wurde. Um dies erspüren zu können, brauche ich allerdings eine innige Beziehung zu diesem Menschen.

Ich kann mich vor Gefühlen von „außerhalb“ nicht abschotten. Das bedeutet, dass ich Emotionen aus meiner Umgebung aufnehme wie ein Schwamm. Diese mischen sich dann mit meinen eigenen. So kann ich gut gelaunt zu einem Treffen kommen und innerhalb kürzester Zeit gehen die Gefühle des Gesprächspartners auf mich über. Dann spüre ich diese und übernehme die Gefühlslage meines Gegenübers.

Außerdem bin ich sehr lichtempfindlich. Wenn die Sonne scheint ist es für mich beinahe unmöglich ohne Sonnenbrille aus dem Haus zu gehen, da ich sonst das Gefühl habe, dass sich das Licht durch mein Auge in mein Gehirn hineinbrennt. Dies ist ein sehr unangenehmes Gefühl. Selbst wenn die Sonne nicht scheint und der Himmel bedeckt ist, kann es sein, dass ich so geblendet werde, dass ein Schutz der Augen vonnöten ist.

Über welche Aspekte Deiner Hochsensibilität freust Du Dich?

Meine hohe Sensibilität hat mir in meinem Beruf als Erzieherin enorm weiter geholfen. Einerseits fiel es mir leicht, zu neuen Kindern schnell Vertrauen auf zu bauen, da ich mich gut in sie einfühlen konnte. Andererseits konnte ich im weiteren Verlauf ihres Kindergartenaufenthalts gute Beziehungsarbeit leisten, da ich ihnen durch meine Empathie auf Augenhöhe begegnen und „kindgerecht“ kommunizieren konnte. Ich „begreife“ ihre Gedanken- und Lebenswelt, die noch sehr sinnlich geprägt ist.

Auch in meinem aktuellen Beruf als Kosmetikerin kommen mir meine empathischen Fähigkeiten sehr zur Hilfe. Ich entwickele schnell eine vertraute Basis zu meinen Kunden, kann schnell erfassen, was sie sich wünschen und merke an ihren Reaktionen, wie ich eine Behandlung ausführen soll.

Auch die Gabe, Gerüche intensiv wahrzunehmen und zu verarbeiten, kommt mir entgegen. Um dieser Tatsache mehr Beachtung zu schenken absolviere ich aktuell eine Ausbildung zur Aromapraktikerin. Damit kann ich meine hohe Sensibilität im Bereich der ätherischen Öle mit einbringen.

Oft wird mir gesagt, dass ich eine gute Zuhörerin bin, den Kern einer Sache schnell erkenne und darauf eingehen kann. Gespräche mit mir werden als konstruktiv und „fruchtbar“ erlebt. Hier bemerke ich immer wieder, dass ich es schaffe, die Menschen dort zu erspüren, wo sie emotional gerade stehen.

Dies kann ich verbalisieren und ihnen somit bewusst machen. Oft mache ich die Erfahrung, dass sie selbst sich darüber gar nicht im Klaren sind.

Generell würde ich mich als Genussmenschen bezeichnen, der ganz in den schönen Künsten wie Poesie, Musik oder den bildenden Künsten aufgehen kann. Ich kann die Schönheit der kleinen Dinge im Leben, wie beispielsweise die Blumen im Garten, sehen und genießen. Dafür bin ich sehr dankbar. Dies steigert meine Lebensqualität enorm.

Ich darf bewusst Empfindungen erleben, die bis tief in meine Seele wirken, mir neue Blickwinkel eröffnen. Schön empfinde ich es, wenn ich meine Lebenswelt interessierten Mitmenschen mitteilen darf und so den einen oder anderen Impuls für eine bewusstere Lebensweise setzen kann.

Siehst Du für Dich Möglichkeiten, die Aspekte die Dir eine Freude sind im Alltag noch häufiger hervortreten zu lassen?

Ich habe die Erfahrung gemacht, dass die heutige Lebenswelt für mich eine große Herausforderung darstellt. Es ist wichtig, dass ich mir die Situationen und Menschen genau aussuche, um mein „Potential" voll ausschöpfen zu können.

Damit ich mich nicht selbst verliere und nicht überreizt werde, benötige ich viele Auszeiten. Ein eigenes Zimmer, das ich für kreative, musische Aktivitäten und für Zeiten der Selbstverwirklichung und Ruhephasen nutzen könnte, wäre ideal.

Froh bin ich darüber, dass ich einen Partner habe, der mich in meiner „Andersartigkeit“ akzeptiert und mich so liebt, wie ich bin. Er unterstützt mich, wo er kann. So übernimmt er zum Beispiel den wöchentlichen Großeinkauf. Er stützt mich in allen Lebenslagen und führt mir immer wieder vor Augen, welche positiven Aspekte er in meiner hohen Sensibilität sieht, wenn ich selbst eine Phase habe, in der ich meiner Hochsensibilität nichts abgewinnen kann. Aber am dankbarsten bin ich ihm dafür, dass er mein extrem hohes Schlaf- und Ruhebedürfnis versteht und akzeptiert.

Welche Aspekte Deiner Hochsensibilität sind eine Herausforderung?

Natürlich bringt meine hohe Sensibilität auch viele Herausforderungen mit sich. Gerade innerhalb des Familienlebens gestaltet sich das Miteinander manchmal schwierig. Während mein Mann teilweise einen hitzigeren Ton bei unseren Kindern bevorzugt, um seinen Standpunkt zu vertreten, versuche ich es lieber mit den zarten Tönen. Die teilweise recht angespannte Situation, die sich dann zwischen Vater und Kind ergibt, ist für mich kaum aushaltbar und schon beinahe körperlich schädigend. Die Spannung in der Luft überträgt sich auf mich.

Da meine Eltern immer noch in einer angespannten Ehe leben und sich diese Atmosphäre in mir manifestiert, wenn ich sie treffe, habe ich mich weitgehend von ihnen zurückgezogen.

Oft ecke ich mit meinen (zu hohen?) Moralvorstellungen an, die ich an mich selbst aber auch an meine Mitmenschen stelle. Dies birgt ein hohes Konfliktpotential.

Auch habe ich die Neigung, mich emotional in Extremen zu bewegen. Meine Stimmung kann von einer Sekunde auf die andere von himmelhochjauchzend zu zu-Tode-betrübt wechseln. Das kann sehr anstrengend für meine Mitmenschen sein, da sie diesen Wechsel nicht nachvollziehen können.

Ich bin ich sehr sensibel, was Änderungen des Wetters betrifft. Mein Körper reagiert bei Veränderungen der Temperatur oder Wechsel von Hochdruck zu Tiefdruck mit Kopfschmerzen, Übelkeit, Schwindel und Schwächegefühlen, denen ich wenig entgegensetzen kann.

Was mich oft traurig macht, ist das Wissen, dass die Schönheit, wie ich diese Welt erlebe, wohl nicht von allen Menschen zur Kenntnis genommen wird. Manchmal denke ich mir, wenn es ein größeres Bewusstsein für die Besonderheiten unserer Welt gäbe, wären Naturverschmutzung, Aussterben von Tierarten, spirituelle Dogmen, Radikalismus und viele andere schwierige Themen, die die Weltbevölkerung in Atem halten bei Weitem nicht so ausgeprägt. An ihre Stelle könnte Demut vor der Schöpfung treten.

Was könntest Du tun, um mit den negativen Seiten Deiner Hochsensibilität besser umzugehen?

Ich habe die Umstände, so wie sie sind, für mich angenommen und mein Leben darauf eingestellt. Mir kommt es nicht so vor, als würde ich etwas verpassen oder von meiner Lebensqualität einbüßen, wenn ich keine öffentlichen Veranstaltungen besuche oder in die Nachmittagsvorstellung des Kinos gehe.

Das Einzige, was mir wirklich Sorgen macht, ist die Angst, dass meine Kinder durch meine „gesellschaftliche Scheu“ wichtige Erfahrungen für ihr Leben verpassen. Aber auch in diesem Bereich bin ich meinem Mann sehr dankbar. Er ist es, der mit ihnen Großveranstaltungen alleine besucht, von denen ich bereits im Vorfeld weiß, dass sie mich überfordern würden.

In letzter Konsequenz bin ich dankbar für meine besondere Art, wie ich diese Welt wahrnehme. Sicherlich birgt sie viele Herausforderungen, denen ich mich tagtäglich zu stellen habe. Auf der anderen Seite öffnet sie mir aber viele Facetten, die für „normal-Wahrnehmende“ nicht so leicht zugänglich sind.

Ich denke, heute mit 37 Jahren kann ich sagen, dass ich meine „Andersartigkeit“ angenommen und liebgewonnen habe.

Wie heißt Du?

Nicci.

Was möchtest Du zu Deiner Person erzählen?

Ich bin 34 Jahre alt, verheiratet und habe zwei Jungs im Alter von 4,5 und 6 Jahren. Wir wohnen auf dem Land, in einem kleinen Dorf. Dort ist es – abgesehen von aktuellen Baustellen – schön ruhig. Ich habe ganz viele Hobbys, etwa das Nähen und verschiedene Basteltechniken. Diese liegen mir sehr am Herzen.

Wie kamst Du darauf, dass Du hochsensibel sein könntest?

Vor genau einem Jahr bin ich auf das Wort „hochsensitiv“ im Internet gestoßen. Da ich gerade Zeit hatte, habe ich genauer erforscht, was es bedeutet. Mir wurden die Augen geöffnet. Ich hätte weinen können, so erlöst war ich. Ich stellte fest, dass ich mit meinem „Problem“ nicht alleine bin. Ich bin ja völlig normal! Das war für mich ein sehr tiefgreifender Moment, an den ich gerne zurück denke. Seither hat sich in meinem Leben so einiges an Positivem getan.

Woran machst Du Deine Hochsensibilität fest?

In mir liegen ein ausgeprägter Gerechtigkeitssinn, Empathie und viel Kreativität verborgen. Hochsensibilität ist für nicht-hochsensible Menschen schwer zu erklären und zu verstehen. Auch heute, nach einem Jahr, habe ich immer noch Mühe damit. Es gibt einige Menschen in meinem Umfeld, mit denen ich wetten könnte, dass sie ebenfalls hochsensibel sind. Aber aus Angst, dass sie als unnormal gelten können, hören sie nicht so richtig zu. Es sind Erwachsene, die bereits ihr ganzes Leben damit verbracht haben, „es“ zu verbergen. Ich persönlich erkläre diese Sensibilität damit, dass ich einfach sensibel bin was Gefühle anbelangt. Ich bin nah am Wasser gebaut und schnell überwältigt. Auch von positiven Dingen.

Über welche Aspekte Deiner Hochsensibilität freust Du Dich?

Am allermeisten freue ich mich darüber, dass ich so kreativ sein kann. Gerade jetzt, wo sich mein Geschäft – ein Stoffladen – so gut entwickelt und ich meine Ideen ausleben kann, genieße ich das. Diese Gedanken-, bzw. Ideenfluten sind nun nicht mehr eine Last, sondern werden von mir dankbar angenommen und genutzt. Ebenfalls freue ich mich über meine Empathie. Noch vor einem Jahr wusste ich nicht, was ich mit den vielen Gefühlen anfangen soll, die mich ständig überkommen. Vor allem in Menschenmengen. Nun weiß ich, dass die gar nicht von mir kommen, sondern von der Umwelt. Besuche ich den Zirkus, ein Musical oder auch den Flughafen, genieße ich dieses Kribbeln nun richtig und nehme – wie ich es nenne – ein „Gefühlsbad“.

Siehst Du für Dich Möglichkeiten, die Aspekte die Dir eine Freude sind im Alltag noch häufiger hervortreten zu lassen?

Im letzten Jahr hat sich bei mir einiges getan. Ich bin spiritueller geworden, wenn man das so sagen kann. Ich werde diesen Weg noch weiter gehen.

Im Geschäft, meinem Laden, werde ich Dank einer weiteren Angestellten endlich mehr Zeit für das Wesentliche haben und meine Ideen einfließen lassen können. Mein Herzblut fürs Kreative und die große Liebe, die ich nun verspüre, möchte ich gern an andere weitergeben können.

Welche Aspekte Deiner Hochsensibilität sind eine Herausforderung?

Geschäftskontakte zu pflegen, ist für mich enorm schwierig, zumal ich absolut ungern telefoniere und bei diesem Ding am liebsten den Stecker ziehen würde. Alles via Email zu erledigen, stellt sich manchmal als schwierig heraus. Aber alles nimmt seinen Lauf und so gewöhnt man sich an vieles. Bei mir dauert dies oft einfach etwas länger.

Abstellen würde ich am liebsten meine Angst. Mein Misstrauen in die Welt. Gerade als Mutter von zwei kleinen Kindern, lebt man ständig in der Angst, dass ihnen etwas passiert. Fahren sie alleine mit Papi zum Campen, sehe ich sie schon irgendwo tot im See liegen. Es ist für mich eine große Herausforderung, Vertrauen zu schenken und diese Gedanken los zu lassen.

Welche Erkenntnisse und Erfahrungen möchtest Du mit anderen Hochsensiblen teilen?

Die Sätze „Alles passiert aus einem bestimmten Grund“ und „Carpe Diem – Nutze den Tag“.

Da ich neuerdings Reiki Meisterin 1. Grades bin, außerdem noch meine Reiki Grundsätze:

Ärgere Dich nicht, sorge Dich nicht, sei dankbar, arbeite hart und verdiene dein „Brot“ ehrlich, sei liebevoll zu allen Lebewesen. Fünf Grundsätze, die so viel aussagen!

Wie heißt Du?

Stefanie.

Was möchtest Du zu Deiner Person erzählen?

Ich bin 47 Jahre alt und lebe mit meiner 21-jährigen Tochter in einer kleineren Stadt im Saarland. Nach einigen gescheiterten Beziehungen bin ich jetzt seit gut 2 Jahren ohne Partner. Ich selbst bin erstaunt darüber, wie glücklich ich damit bin. Als überzeugter Nicht-Single konnte ich mir nie vorstellen ohne Partner zu leben.

Ich habe mich verändert. Die Trennung vollzog ich selbst, obwohl ich diesen Menschen sehr liebte. Ich spürte aber immer stärker, dass dieses Gefühl einseitig war und blieb. Es ging mir stetig schlechter. Ich war psychisch und mental einfach total fertig. Innerlich tot. Ich war panisch, depressiv und am Ende. Alles war mir zu viel. Ich kannte diese „Zustände“ seit meinem 18. Lebensjahr. Ich hatte immer wieder einmal Panikattacken und Angstzustände. Sie begleiteten mich schon recht lange. Es gab zwar diverse Erklärungsansätze, auch Therapien, wieso ich diese Zustände hatte, ließ sich jedoch nicht aufklären. Längerfristig kam ich nie zur Ruhe.

Im Jahr 2012 ging es mir sehr schlecht. Dankenswerter Weise stieß ich jedoch im Internet zufällig auf das Thema Hochsensibilität. Die Auswertung des einen oder anderen Tests hierzu erklärte mir einiges. Für mich war es nicht unbedingt eine Erleichterung, ich erlebte dennoch ein Gefühl in dieser Richtung. Ich versuchte und versuche es als Gabe zu sehen. Außerdem fand ich eine sehr gute Therapeutin, die mich unterstützte und die meine künstlerische Seite weckte.

Zu dieser Zeit arbeitete ich noch in einem Call-Center. Es war – ohne Übertreibung – die Hölle. Dort saßen zu viele Menschen in einem Raum. Es gab Lärm, Stress und unendlich viele Gerüche. An einem Ohr hatte man den Kunden, auf dem anderen bekam man mit, was um einen herum passierte. Insbesondere die Gespräche der Kollegen. Manchmal hatte ich das Gefühl, dass ich verrückt werde. Dieser Arbeitsplatz war eigentlich schon immer die

Hölle. Da sich bei mir jedoch in diesem Jahr soviel ereignete, brach ich fast zusammen. Es würde den Rahmen sprengen, aufzuzählen, was in diesem Jahr noch alles geschah.

Dank meiner Therapeutin geht es mir heute viel besser. Meine Panikattacken erkläre ich mir mit meiner Sensibilität. Ich bin mir recht sicher, dass sie in einem Zusammenhang stehen. Hierüber habe ich auch einige Texte verfasst. Meine Therapeutin hat mich zum Schreiben und Zeichnen gebracht.

Ich merke heute, wenn mir etwas zu viel wird. Dann ziehe ich mich zurück und genieße das Alleinsein. Ich fühle mich wohler, wenn ich wenige bis gar keine Menschen um mich herum habe. Ich mache regelmäßig Yoga und meditiere jeden Tag.

Ich versuche, bei mir zu bleiben. Das ist nicht einfach, ich habe es auch nie gelernt. Früher habe ich mir oft Sprüche anhören müssen. „Stell Dich doch nicht so an“, „Du musst Dich anpassen“, Du bist eine Mimose“, „Du bist aber empfindlich“, etc. Heute höre ich diese Sprüche seltener.

Ich fühle mich sehr zum Buddhismus hingezogen. Ich übe mich jeden Tag in Achtsamkeit.

Im letzten Jahr habe ich meine Arbeit im Call-Center verloren. Das war das Beste, was mir passieren konnte. Ich hatte ein offenes Gespräch mit dem Arbeitsamt. Dort habe ich dargestellt, dass eine solche Arbeit – insbesondere die Unterbringung in einem Großraumbüro – für mich nicht in Frage kommt. Die anschließende Arbeitssuche gestaltete sich durch meine Bedürfnisse als hochsensibler Mensch schwierig. Dem folgend blieb ich ein Jahr lang arbeitssuchend. In dieser Zeit konnte ich viel an mir arbeiten und meine künstlerische Ader ausleben. Es gefiel mir zu Hause, in meiner „Schutzburg“. Hier konnte mir nichts passieren, hier fühlte und fühle ich mich wohl. Da Hartz IV für mich jedoch keine echte Alternative war und ich die damit einhergehenden Rahmenbedingungen als schrecklich empfinde, freue ich mich umso mehr, dass ich in diesem Jahr einen Arbeitsplatz finden konnte. Dieser passt zu mir, ich habe dort wenig Menschen um mich herum, keinen Lärm und keinen Dreck. Ich hoffe sehr, dass ich nach der Probezeit übernommen werde.

Woran machst Du Deine Hochsensibilität fest?

Das erkläre ich am besten mit einem Text von mir:

<u>Andersmensch</u>

ich denke anders als ihr
bildhaft
wortreich

ich sehe anders
bunt
detailliert

ich höre mehr
laut
dröhnend

ich rieche mehr
intensiv
scharf

manchmal ist mir alles
zu bunt und hell
zu laut

zu viel und zu schnell
zu penetrant

dann brauche ich den Trost der Schatten
die Geborgenheit der Stille
den wärmenden Mantel einer Umarmung
den Schutz der Einsamkeit
dann ziehe ich mich tief in mich zurück

ich höre euch flüsternd reden
doch ich verstehe eure Worte nicht

I don't speak human

Ich versuche zu erklären, dass ich alles, was von Außen kommt, intensiver erlebe als „andere". „Normale" Menschen haben einen Filter. Mein Filter ist sehr porös, er lässt ungebremst das Allermeiste durch.

Menschenmassen sind für mich unglaublich anstrengend. Sie sind auch heute noch gelegentlich Panikauslöser für mich. Ich brauche dann eine Rückzugsmöglichkeit. Restaurantbesuche und Kneipen sind gleichermaßen belastend für mich. Ich kann mich dort kaum auf mein Gegenüber konzentrieren, weil sämtliche Gespräche um mich herum auf mich einströmen. Dies wird mir schnell zu viel. Kommt dann noch ein Gast, der es mit seinem Parfüm zu gut meinte, habe ich im wahrsten Sinne des Wortes die Nase voll. Nicht selten wird mir schlecht und ich muss dann gehen.

Ich spüre meist, was mit anderen Menschen los ist. Wenn mir jemand etwas Schlimmes erzählt oder wenn ich schlimme Dinge sehe, etwa eine Unfallstelle, trifft mich das sehr. Dann leide ich unglaublich stark mit. Manchmal habe ich das Gefühl, als würden mich der Schmerz und die Emotionen anderer überschwemmen.

Meine Hochsensibilität sehe ich grundsätzlich als Gabe an. Nur manchmal ist sie ein Fluch für mich. Oft bin ich darüber froh, ich habe so viel mehr vom Leben. Ich bekomme viel mehr mit. Auch wenn es in der heutigen Gesellschaft und Zeit schwierig ist, als hochsensibler Mensch zu leben. Ich freue mich über kleine Dinge, die andere vielleicht übersehen. Das kann eine kleine gelbe Blume sein, die am Straßenrand wächst oder ein Muster, welches sich irgendwo durch die Sonnenstrahlen wiederspiegelt. Ich freue mich über Vögel, die ich aus dem Straßenlärm heraushöre, genauso wie über das Grillenzirpen, wenn ich mit dem Auto unterwegs bin.

Im Umgang mit anderen Menschen tue ich mich etwas schwer. Ich verstehe so vieles nicht, von dem was Menschen sagen oder tun. Hier hilft mir meine Hochsensibilität kaum. Allenfalls darin, dass ich meistens spüre, was mit meinem Gegenüber los ist. Ein echtes Problem habe ich, wenn ich merke, dass mir eine Person aus meinem näheren Umfeld eine Abneigung entgegenbringt. Wenn sie - aus welchem Grund auch immer - etwas gegen mich hat. Dies löst in mir ein unglaubliches Unbehagen aus. Ich komme dann in einen Gedankenstrudel, den ich kaum zu bändigen vermag. Das geschieht, obwohl ich weiß, dass mich die Person nicht mögen muss und dass ich auch viele Menschen nicht mag.

Siehst Du für Dich Möglichkeiten, die Aspekte die Dir eine Freude sind im Alltag noch häufiger hervortreten zu lassen?

Es einfach tun. Den inneren Schweinehund links liegen lassen.

Ich werde auch in diesem Jahr wieder an verschiedenen Kunstausstellungen teilnehmen und meine Werke präsentieren.

Im Übrigen könnte ich mehr meditieren, mehr zeichnen, mehr schreiben, mich mehr bewegen und mehr Yoga betreiben.

Seit einiger Zeit gestalte ich mir ein Morgenritual. Obwohl ich eigentlich Langschläfer bin, stehe ich in der Woche um 6 Uhr auf, trinke einen Kaffee um dann um 6:30 Uhr meine Yoga-Übungen zu machen. Danach übe ich mich noch eine viertel Stunde in Mediation. Im Anschluss fahre ich zur Arbeit.

Welche Aspekte Deiner Hochsensibilität sind eine Herausforderung?

Das Miteinander mit anderen Menschen. Das normale gesellschaftliche Leben gestaltet sich für mich schwierig. Sobald mehr als zwei Menschen mit mir zusammen sind, wird mir das schnell zu viel und zu laut. Ich kann mich dann nicht mehr wirklich konzentrieren, vor allem wenn jeder gleichzeitig redet.

Im Grunde habe ich mit fast allen Aspekten meiner Hochsensibilität schon schlechte Erfahrungen gemacht. Es lebt sich meiner Meinung nach nicht wirklich gut damit, gerade in der heutigen Zeit. Im Job erst recht nicht. Es fängt schon beim Arbeitsplatz an. Dort sind die Lichtverhältnisse schlecht, man hat möglicherweise kein Fenster oder darf es nicht öffnen, weil es der Kollegin zieht, zu kalt ist, zu laut oder zu stickig. Die Arbeitsbedingungen bieten Stress, Druck, einen respektlosen Umgang, kein Miteinander sondern ein Gegeneinander.

Ich gebe zu, manchmal wäre ich gerne „normal“. Vielleicht würde es sich dann einfacher leben. Denke ich ernsthafter darüber nach, stelle ich fest, dass ich dies jedoch nicht wirklich will. Ich will nicht so sein wie die anderen. Ich bin froh, dass ich so bin wie ich bin. Mein Leben ist um vieles bunter, reicher, intensiver, schöner, glücklicher und ich denke auch wertvoller. Das klingt jetzt vielleicht abgehoben, aber ganz ehrlich: es gibt so viel Oberflächlichkeit. Und damit kann ich gar nicht.

Was mich im Umgang mit anderen Menschen belastet, ist die Tatsache, dass sie sich erlauben, so zu sein wie sie sind. Sie „hauen alles raus“, während von mir erwartet wird, dass ich mich anpasse. Ich habe oft das Gefühl, dass ich nicht so sein darf, wie ich bin.

Auch das „zwischen den Zeilen lesen“ strengt an. Ich kann es zwar meist, aber warum sagen die Leute nicht einfach was sie wirklich wollen?

Was könntest Du tun, um mit den negativen Seiten Deiner Hochsensibilität besser umzugehen?

Ich könnte mich noch mehr in Mediation üben. Ich könnte weiter an mir selbst arbeiten, bei mir bleiben, Strategien und Rituale entwickeln und mir erlauben, aus gewissen Situationen heraus zu gehen, wenn ich merke, dass ich mit ihnen nicht klar komme.

Vieles davon versuche ich bereits. Ich übe mich in Achtsamkeit, konzentriere mich auf meinen Atem, usw. Dies funktioniert mal besser und mal schlechter. Ich teste verschiedene Umgangsweisen und „experimentiere“.

Es gelingt mir weniger gut, die negativen Aspekte anzunehmen. Obwohl sie ein Teil von mir sind. Hier arbeite ich an mehr Gelassenheit. Ich versuche,

Dinge zu ändern, die ich ändern kann und Dinge anzunehmen, die ich nicht ändern kann.

Welche Erkenntnisse und Erfahrungen möchtest Du mit anderen Hochsensiblen teilen?

Im Grunde nur, dass wir so wie wir sind, gut sind. Wir haben doch so viel mehr von unserem Leben. Gerade weil wir so sensibel und sensitiv sind.

Auch wenn es die ganzen Jahre zuvor schwer war und diese von Angst und Panik geprägt waren, bin ich mir sicher, dass es so sein sollte. Ich möchte nicht anders sein. Trotz der Herausforderungen und dem ständigen Kampf. Ich möchte nicht tauschen, denn es ist eine Gabe.

Wie heißt Du?

Elke

Was möchtest Du zu Deiner Person erzählen?

Ich bin 52 Jahre alt. Ich habe 4 Kinder zwischen 22 und 30 Jahren aus 1. Ehe, sowie eine 12-jährige Tochter und einen 10-jährigen Sohn aus 2. Ehe. Ich bin geschieden und lebe mit den beiden jüngsten Kindern und meiner 88-jährigen Mutter in einer kleinen Stadt in Sachsen in der Nähe von Leipzig. Ich lese leidenschaftlich gern und schreibe auch selbst. Ich habe für meine Texte nur noch keinen Verleger gefunden. Da ich meine Karriere meinen Kindern geschenkt habe, glaubt vermutlich kein Arbeitgeber, bei dem ich mich bewerbe, dass ich etwas kann. Also bin ich zwar weiterhin mit Arbeit ausgefüllt, aber ohne Bezahlung dafür.

Wie bist Du auf den Begriff Hochsensibilität aufmerksam geworden?

In der Vergangenheit kannte ich nur den deutschen, meist abschätzig gebrauchten Begriff „Überempfindlichkeit“. Vor einigen Monaten sah ich in einer christlichen Begegnungsstätte ein Einladungsplakat zu einem Seminar: „Mein Kind ist hochsensibel - Last oder Chance“. Neugierig geworden, informierte ich mich im Internet, was Hochsensibilität eigentlich ist. Ich begriff, dass ein Mensch, den ich sehr schätze, der aber mit mir so seine Probleme hat, hochsensibel sein könnte. Leider konnte ich bisher nicht mit der Person darüber reden. Dies liegt an den Fehlern der Vergangenheit und daran, dass diese Person sich schnell bedrängt bzw. bedroht fühlt. Aber vielleicht ergibt sich nochmal eine Gelegenheit dazu.

Mittlerweile ist mir klar geworden, dass zu meinen Freunden und Freundinnen mehrere Hochsensible zählen. Mit einer Freundin kann ich darüber reden. Allerdings ist diese Freundschaft schon mehr als 25 Jahre alt. Erstaunlicherweise sahen wir uns trotz Höhen und Pausen einander als Ergänzung an.

Welche Eigenschaften, Merkmale, Fähigkeiten Deiner Freundin wirken sich auf Dein Leben aus?

Da bin ich jetzt voll beim Lernen. Glücklicherweise - für beide Seiten - weiß ich jetzt, dass diejenige nichts dafür kann, dass sie im Vergleich zu mir extrem harmonie- und ruhebedürftig ist und dazu neigt, sich zurückzuziehen. Ich kann ihr Verhalten leichter akzeptieren und nehme es nicht persönlich.

Über welche Aspekte ihrer Hochsensibilität freust Du Dich?

Vor einigen Jahren hat mich diese Person vollkommen verblüfft, als ich am Telefon ein Problem erwähnte, welches im Prinzip nicht lösbar war. Sie bot mir sofort Hilfe in Form von Zeit und Zuhören an, obwohl wir uns damals kaum kannten. Wenngleich ich nicht gesagt hatte, wie sehr mich diese Sache belastete, hat sie das sofort gespürt und darauf reagiert.

Siehst Du Möglichkeiten, die Aspekte die Dir eine Freude sind im Alltag noch häufiger hervortreten zu lassen?

Wenn wir es schaffen würden, Vertrauen noch mehr wachsen zu lassen, könnten wir einander besser ergänzen. Ich merke es beispielweise kaum, wenn ich zu „ruppig" bin oder eben unsensibel. Da bin ich drauf angewiesen, dass ein freundlicher Mitmensch, der es eher empfindet, mich drauf aufmerksam macht. Am besten gleich. Ein bisschen habe ich schon gelernt, nämlich eher mal die Klappe zu halten und den anderen zum Nachdenken kommen zu lassen.

Welche Aspekte ihrer Hochsensibilität sind eine Herausforderung?

Die größten Probleme habe ich mit dem erklärungslosen Rückzug. Da stellt sich dann für mich die Frage, ob ich etwas falsch gemacht habe und wenn ja, was. Wenn ich da keine Antwort bekomme, kann ich doch nicht einmal um Entschuldigung bitten. Gern würde ich auch die sich daraus ergebenden

Missverständnisse verhindern. Auf die negativen und verletzenden Ideen, die mein Gegenüber aus meinem Gesagten oder Geschriebenen „hört", komme ich gar nicht. Und dann ist mein Gegenüber sauer, weil es sich von mir bedrängt fühlt. Ich sage deutlicher, was ich meine und achte drauf, dass meine „Sendung" auch wirklich so ankommt, wie sie gemeint war.

Was könntest Du tun, um mit den negativen Seiten der Hochsensibilität besser umzugehen?

Im Prinzip gilt für mich hier, wie im Umgang mit allen Menschen: vergeben, vergeben, vergeben. Ich weiß, dass ich den anderen nicht grundsätzlich ändern kann. Glücklicherweise gehöre ich zu den Menschen, die eine persönliche Beziehung zu Jesus Christus - also dem Gott, den die Bibel beschreibt - haben. Auch wenn ich meinen Herrn nicht sehen kann, funktioniert es, wenn ich meinen Ärger über das Verhalten des hochsensiblen Freundes an ihn abgebe. Dann bin ich frei von Zorn und Schmerz darüber und kann in der Beziehung unbelastet wieder von vorn anfangen.

Wie heißt Du?

Micha

Was möchtest Du zu deiner Person erzählen?

Ich bin 45 Jahre alt. Ich war mit einer hochsensiblen Frau verheiratet und habe ein Kind mit ihr. Seit 3 Jahren leben wir getrennt. Inzwischen lebe ich mit einer neuen Partnerin zusammen. Sie hat zwei eigene Kinder. An den

Wochenenden, an denen ich meine Tochter habe, genießen wir unsere Patchwork-Familie. Meine Ex-Frau ist schon aufgrund der Übergaben und Absprachen hinsichtlich des gemeinsamen Kindes immer noch präsent. Wir verstehen uns gut.

Die Hintergründe unserer Trennung werden mir im Nachhinein immer bewusster. Einen nicht unerheblichen Teil daran hatten unsere jeweiligen Erwartungen an uns und das Leben. Diese haben die Liebe auf Dauer arg belastet. Hier kam auch ihre Hochsensibilität zum Tragen. Meine Ex-Frau hatte einfach vollkommen andere Lebensgewohnheiten, Bedürfnisse und Grenzen als ich.

Ich wohne in Hannover, arbeite in einem Autohaus und betreibe leidenschaftlich Radsport.

Wie kamst Du darauf, dass Deine Ex-Frau hochsensibel sein könnte?

Meine Ex-Frau stieß mich darauf. Ich konnte zunächst wenig mit dem Begriff anfangen und reagierte eher ablehnend. Zunächst hing ich einem „stell Dich doch nicht so an“ nach. Es dauerte sehr lange, bis ich mich dem Thema Hochsensibilität öffnen konnte. Insbesondere das Ausmaß, die Tragweite des Themas blieb mir lange verschlossen. Einige Dinge verstand ich im Laufe unserer Paartherapie, andere erst später, Jahre nach unserer Trennung.

Woran machst Du die Hochsensibilität Deiner Ex-Frau fest?

Ihre Hochsensibilität habe ich in so ziemlich allen Bereichen beobachtet. Zunächst einmal hinsichtlich der Sinne Hören, Sehen, Riechen, Schmecken und Tasten.

Sie ist sehr geräuschempflindlich. Wenn wir gemeinsam einen Film schauten, war es für sie oft mit Stress verbunden. Die wechselnden Lautsstärken in den Filmen führten dazu, dass in den ruhigen Szenen und bei Unterhaltungen laut gestellt wurde, bei einsetzender Musik oder sonstigen Geräuschen leise. Zu starken Bass hielt sie kaum aus. Ganz besonders wirkte der Lautstärken-Wechsel zu den Werbepausen. Oft erschrak sie und zuckte zusammen. Im Ergebnis war ein durchgängig entspanntes gemeinsames Fernsehen kaum möglich, die Fernbedienung blieb stets in ihrer oder meiner Hand.

Fernsehen war auch deshalb schwierig, weil sie viele Inhalte aufregten. Der kleinste gemeinsame Nenner waren dann Filme, in denen nicht geschossen wird, keiner stirbt und auch sonst nicht zu viel Aufregung vorherrscht. Gewalt, Spannung und dergleichen führten bei ihr zu einem immens hohen Puls. Dies konnte beispielsweise schon eine einsetzende schnellere Musik bewirken. Meine Ex-Frau bat mich immer mal wieder darum, in solchen Situationen ihren Puls zu fühlen. Wie ich dann feststellte, war ihr Puls tatsächlich unglaublich schnell.

Geräusche waren für sie auch in vielen anderen Bereichen belastend. Hintergrundmusik zu Hause oder im Auto störte sie. Wenn wir mit mehreren Personen am Tisch saßen, waren für sie die Männerstimmen schnell zu dominant. Auf Konzerten konnte sie die Musik nicht genießen, weil ihr der

Bass wehtat. Unser Kind löste mit verschiedensten Geräuschen aller Art bei ihr täglichen Stress aus. Dies führe ich hier nicht näher aus, weil Kinder mit allem Möglichen laut sein und deshalb Stress erzeugen können. Dies in Kombination mit der Wirkung auf eine Hochsensible kann man sich sicherlich gut vorstellen. Insbesondere in den ersten Jahren nach der Geburt unserer Tochter sagte sie sehr oft „ich ertrage das nicht! " Auch ich selbst habe immer wieder mit Geräuschen für Unbehagen gesorgt. Da reichte mein recht lauter Tastenanschlag auf dem Computer genauso aus, wie das bloße Anziehen der Hose mit einer zu laut scheppernden Gürtelschnalle. Geräusche waren eigentlich den ganzen Tag über ein Thema und immer wieder Anlass für einen pulsierenden Herzschlag und Gereiztheit.

Neben den Geräuschen belasteten sie auch die Lichtverhältnisse. Vor allem abends, ab 20 Uhr, hatte sie es gern dunkel. Im Wohnzimmer diente dann lediglich der Fernseher als Beleuchtung. Daneben gab es nicht eine einzige brennende Lampe.

Die besondere Empfindsamkeit galt auch für meine Berührungen. Oft ertrug sie ein zartes Anfassen und diffuses Streicheln nicht und lehnte es ab. Meine Berührungen mussten klar und fest sein.

Meine Ex-Frau hatte zunehmend das Bedürfnis, alleine zu sein. Eine ihrer Lieblingsbeschäftigungen war es, mehrere Stunden irgendwo auf einem ruhigen Feld zu verbringen. Kurz vor Ende unserer Beziehung hatte ich häufig das Gefühl, irgendwie „über" zu sein. Auch heute kann ich nicht genau beurteilen, was davon dem Aspekt der Hochsensibilität und was dem „Zustand" unserer Beziehung geschuldet war. Das Bedürfnis allein zu sein führte auch zu Stress bei Besuchen. Wollten wir Gäste empfangen, kamen die notwendigen Vorbereitungen als Stressor hinzu (Kochen, Einkaufen, Wohnung aufräumen etc.). In der Regel kam es dann zu spontanen Absagen. Meine damalige Frau formulierte eine Ausrede und sagte ab. Manchmal geschah dies selbst nach Abschluss aller Vorbereitungen unsererseits oder der Gastgeber.

Bezüglich der Anlässe, zu denen wir einluden, kam insbesondere auch der hohe Anspruch, den meine Ex-Frau an sich selbst hat, zum Tragen. Sie neigt zum Perfektionismus. Es war für sie sehr schwer, wenn Besuch angekündigt und dann nicht alles optimal vorbereitet war. Die Wohnung musste sauber und das Essen in großer Vielfalt angerichtet sein. Auch bei guten Freunden wurden hier keine Abstriche oder Ausnahmen gemacht. Ein spontanes Treffen auf einen Kaffee bei uns zu Hause war so kaum möglich. Jedenfalls nicht, ohne vorher die Wohnung aufzuräumen und zum Bäcker zu fahren, um noch Kuchen aufzutreiben. Die Gäste zu bitten, einen Kuchen mitzubringen oder auch einmal Kekse oder eben nichts anzubieten, kam nicht in Frage. Delegieren fiel ihr schwer. So kam es im Ergebnis zu gar keinem Treffen.

Ihr Perfektionismus war auch deshalb erschwerend, weil sie bei mehreren gleichzeitig zu erledigenden Aufgaben und Zeitdruck Probleme mit der Schwerpunktsetzung hatte. Es gelang ihr nicht immer, Prioritäten zu setzen. Dann verzettelte sie sich - aus meiner Sicht - in kleinen Nebenaufgaben und wesentliche Bereiche blieben unbearbeitet.

Meine damalige Frau hat einen sehr ausgeprägten Sinn für Gerechtigkeit. Sie konnte es kaum aushalten, wenn unserem Kind Unrecht geschah. Andeutungen von größeren oder kleineren Gemeinheiten während der Kindergartenzeit ging sie mit großem Engagement bis ins Detail nach, um im Anschluss in Richtung der beteiligten Kinder oder des Kindergartens Maßnahmen zu ergreifen, wobei sie nicht scheute, Institutionen einzuschalten. Gleiches Engagement zeigte sie auch bei anderen nahestehenden Personen. Ihr jeweiliger Einsatz scheute weder Konflikte noch Nachteile aller Art. Sie hat sich und ihre eigenen Belange wiederholt für das anliegende Thema vollkommen zurückgestellt. Ich bin davon überzeugt, dass sie für Dinge, die ihr wichtig sind, jederzeit bedingungslos bis zum Äußersten gehen würde.

Sie hat einen ganz eigenen, besonderen Blick für Ästethik und einen hohen Anspruch daran, Ihr Umfeld entsprechend zu gestalten. Nicht nur Kleidung und Zimmereinrichtung etc. müssen zusammenpassen. Ihr Sinn für das Ästhetische reichte viel weiter. Wenn in unserem Badezimmer goldfarbene Gegenstände aufgestellt waren, störten schon die silberfarbenen Scharniere des WC-Deckels, die man nur bei dessen Benutzung sah. Spielzeug für unsere Tochter wurde nach Farben gekauft. Und wenn das nicht durchzuhalten war, dann wurden sie zumindest nach Farben sortiert auf die Zimmer verteilt. Ein roter Ball in einem Zimmer, in dem sonst nur andere Farben präsent waren, wurde dort entfernt. Schuhe, die sie für sich oder das Kind kaufte, bearbeitete sie in aller Regel. So entfernte sie Schriftzüge der Hersteller oder Schnallen und sonstige Applikationen oder malte sie über.

Auch sonst ist meine Ex-Frau sehr kreativ. Sie ist musisch, spielt Instrumente, textet und singt bei jeder Gelegenheit. In ihrer Jugend hat sie Tagebücher mit anspruchsvollen Gedichten und Zeichnungen gefüllt. Sie ist an großen philosophischen Themen interessiert.

Ihr Interesse an tiefgreifenden Themen wirkt sich auch auf die Kommunikation mit ihrem Umfeld aus. In Gesprächen versucht sie, sich schnell von der Smalltalk-Ebene zu lösen und kommt auf Emotionales, wie beispielsweise Motive für Verhalten, Erfahrungen etc. zu sprechen. Zugute kommt ihr dabei ihre Fähigkeit, Stimmungen des Gegenübers zu erkennen. Bei den meisten Gesprächspartnern ist sie beliebt, weil diese sich verstanden fühlen. Es kommt aber auch vor, dass sich einige davon bedrängt fühlen, wenn sie sich darauf nicht gleichermaßen einlassen können oder wollen.

Sie schaut sich die Menschen sehr genau an. Ihr fallen auch kleinste Details auf und sie erinnnert sich an diese noch lange später. Sie erkennt Menschen wieder, die sie nur einmal kurz in der Stadt gesehen hat.

Schwer für mich war die oft vorhandene grundsätzliche Traurigkeit meiner ehemaligen Frau. Sie hat ein eher pessimistisches Gemüt. Sie denkt Geschehnisse und Entwicklungen vor und geht oft vom schlimmsten Fall aus. Ganze Gedankenketten rasen durch ihren Kopf. Manchmal hat sie mich an ihren gedanklichen Ausflügen teilhaben lassen. Ich war stets verblüfft, welche vielfachen Abzweigungen und Abhängigkeiten sie im Bruchteil von Sekunden im Kopf bearbeitet hatte. Oft hatte ich das Gefühl, dass es ihr deshalb nicht gelang, mit Vorfreude auf ein besonderes Ereignis zu schauen. Stattdessen fühlte sie ein „das wird sowieso nichts". Die Mehrzahl der Tage, an denen wir zusammenlebten, waren dieser Art beschwert.

Das Vordenken von Situationen wirkte sich zudem insofern aus, dass sie wenig flexibel und offen für Neues war. Selbst im Kleinen waren Veränderungen schwierig. Dies konnte schon der Kauf eines Geschirrspülers sein, den sie erst nicht wollte und erst nachdem er im Haus war zu schätzen lernte.

Welche Aspekte ihrer Hochsensibilität waren Dir eine Freude?

Vor allem in der ersten Hälfte unserer Beziehung war ihre starke Gefühlsbezogenheit sehr wertvoll für mich. Ich war in jungen Jahren auf der emotionalen Ebene wenig gereift, hatte kaum Zugang zu mir und meinen Gefühlen. Und noch viel weniger konnte ich über mich sprechen und mich anderen öffnen. Ich war bei den meisten tiefergehenden Gesprächen sehr einsilbig. Meine Ex-Frau hat all das nicht gelten lassen. Sie hat mich aus meiner Komfortzone geholt und es in jenen Jahren geschafft, mich zu öffnen. Heute bin ich zu sehr viel erwachseneren, vielschichtigeren Beziehungen fähig. Ich fühle mich jetzt im Leben angekommen. Dafür bin ich ihr bis heute überaus dankbar.

Es war darüber hinaus eine tolle Erfahrungen, eine solche große emotionale Nähe zu einem Menschen herzustellen, wie wir sie damals hatten.

Ich habe im Zusammenleben ihre große Aufmerksamkeit und Achtsamkeit in vielen Belangen geschätzt. Sie wusste zu jeder Zeit wie es mir geht. Vielfach war sie mir auch ein guter Berater.

Ihr Sinn für das Ästhetische und ihre Kreativität erfreuten mich gleichermaßen.

Rückwirkend kann ich auch ihrem starken Gerechtigkeitssinn mehr abgewinnen, als ich es während unserer Beziehung konnte. Seinerzeit gerieten wir bei verschiedenen Themen unvereinbar aneinander. Ich konnte ihrer kompromisslosen Einstellung einfach nicht folgen. Heute erkenne ich bei einigen Themen, dass sie damit auch Gutes bewirkt hat und es manchmal diese selbstlose Stärke brauchte. Gerade hinsichtlich unserer gemeinsamen Tochter hat sie manche Dinge erstritten, bei denen ich es ihr nicht leicht machte.

Sahst Du für Dich eine Möglichkeit, die Dinge, die Dir eine Freude waren noch häufiger hervortreten zu lassen?

Ich hätte mich noch stärker auf sie einlassen, ihrer Hochsensibilität mehr Raum geben können. Lange Zeit beharrte ich auf meinem festgefahrenen Standpunkten und dachte in „normalen" Mustern. Ich habe sehr viele Kämpfe mit ihr ausgetragen. Sie musste sich sehr viele Facetten ihrer besonderen Belange erstreiten. Ich habe es weder ihr noch mir leicht gemacht. Selbst bei Dingen, bei denen ich heute den guten Kern und die positiven Wirkungen erkenne.

Wenn ich offener gewesen wäre, dann hätte ich sicherlich mehr von den guten Seiten ihrer Hochsensibilität profitieren können. Auch für unser Zusammenleben wäre dies förderlich gewesen.

Welche Aspekte ihrer Hochsensibilität waren eine Herausforderung?

Leider gab es eine ganze Menge Dinge, die für mich schwierig zu handhaben waren und unsere Beziehung belasteten. Ein Sprichwort sagt, Gegensätze ziehen sich an. Diesem Spruch stehe ich inzwischen sehr skeptisch gegenüber. Wir sind grundverschieden. Die Hochsensibilität meiner Ex-Frau wirkte sich wie oben dargestellt auf fast alle Bereichen des Lebens aus. Damit hatte sie oft auch Konsequenzen für unser Zusammenleben.

Ich liebe laute Musik, laute Filme, Bass und Action. Ich liebe das Licht, auch abends sitze ich gern im Hellen. Dunkelheit schlägt mir auf die Stimmung. Ich bin gesellig und empfange äußerst gern Besuch. Auch treffe ich gerne Menschen. Ich bin ein pragmatischer Mensch, der nach dem Pareto-Prinzip lebt. Ich erledige lieber die für mich wesentlichen Dinge und komme voran, als mich an „Kleinigkeiten" aufzuhalten. Gemeinsame Projekte mit meiner Ex-Frau waren eine Geduldsprobe für mich.

Ich wähle tendenziell eher den diplomatischen Weg und finde Kompromisse. Ihr bedingungsloses Einstehen für Gerechtigkeit, ohne Blick auf mögliche Konsequenzen, war für mich in der jeweiligen Situation oft schwer. Manche Dinge erkannte ich erst im Nachhinein als richtig an.

Eine echte Herausforderung waren ihre Stimmungsschwankungen. Ich konnte mich kaum auf den Tag einstellen. Auch wenn meine Ex-Frau am Morgen lachte, erlebte ich, dass sie eine halbe Stunde später am Boden zerstört war. Von „himmelhoch-jauchzend" bis „zu Tode betrübt" war es oft ein Wimpernschlag. Ich versuchte es oft, aber ich konnte durch mein Handeln hierauf nicht einwirken. Dasselbe Verhalten meinerseits übte manchmal Freude, manchmal Ärger aus. Mir erschienen die Stimmungsschwankungen willkürlich. Ich empfand sie häufig als gereizt. In der Folge befand ich mich permanent in einer „hab-Acht"-Stellung. Ich rechnete jederzeit mit schlechter Laune und Wut. Wenn ich nach der Arbeit nach Hause kam, konnte ich mich kaum mehr auf sie freuen, weil ich nicht wusste, ob ich mit einem Lachen oder einem Weinen empfangen werde. Die depressiven Phasen waren besonders schwer, auch für mich. Eine Verabredung mit Freunden, eine Reservierung im Restaurant, das Planen eines Konzertbesuchs oder Urlaubs setzten darauf, dass das Gemüt zum betreffenden Zeitpunkt positiv war. Immer wieder scheiterte es daran und die

Planungen wurden abgesagt oder Veranstaltungen von Streitereien und Stress begleitet. Sehr viele Abende verbrachte ich alleine, weil meine Ex-Frau allein sein oder sich gleich schlafen legen wollte.

Zusammengefasst war die größte Herausforderung für mich, dass unser Zusammenleben in zu vielen Punkten beschwert war. Ich hatte eine große Sehnsucht nach der Leichtigkeit des Lebens.

Hättest Du mit den Herausforderungen besser umgehen können?

Ich hätte offener sein, mehr mit ihr über ihre besondere Sensibilität reden und mehr Verständnis aufbringen können. Jetzt, nach unserer Trennung, bin ich hinsichtlich vieler Punkte besänftigt.

Wir hätten sicherlich noch mehr Kompromisse finden können. Mehr Bereiche abstecken, in denen wir uns beide wiederfinden und unsere Bedürfnisse in stärkerem Umfang beachtet werden.

Ich bezweilfe aus heutiger Sicht dennoch, dass ich langfristig mit ihr glücklich geworden wäre. Mir ist ein Satz hängengeblieben, den ich einmal von einem guten Freund aufgeschnappt habe: „Die Ehe ist der beste Kompromiss, den Du finden kannst“. Für mich klang das damals bedrohend.

Auch wenn ich meine Ex-Frau einmal über alles geliebt habe und wir eine tiefe innere Verbundenheit teilten, fand ich mich selbst in meinem Leben nicht mehr wieder. Für mich war es einfach nicht mehr möglich, mit einem Menschen zusammenzuleben, der in fast allen Bereich komplett anders ist als ich.

Ich glaube zwar, dass ich mit ihrer Hochsensibilität hätte anders umgehen können und vielleicht sollen, ich glaube jedoch nicht, dass wir es gemeinsam geschafft hätten.

Welche Erkenntnisse und Erfahrungen möchtest Du mit anderen Partnern von hochsensiblen Menschen teilen?

Ich denke, dass jeder Mensch sein Glück selbst finden muss. Die jeweiligen Lösungen sind höchst individuell. Ich glaube nicht, dass meine Gedanken für andere gleichermaßen gelten. Dem einen gelingt es, die Liebe aufrecht zu erhalten, sich selbst in das gemeinsame Leben einzufinden, dem anderen gelingt es nicht. Der eine will es, der andere nicht.

Es hängt sicherlich auch davon ab, was man selbst vom Leben erwartet und was man bereit ist, hierfür zu tun und zu geben. Ich persönlich denke heute, die aufeinandertreffenden Charkatere müssten zusammenpassen, damit es gelingen kann.

Wie auch immer der eigene Weg zum Glück aussehen mag, es braucht manchmal Mut, ihn zu gehen. In meinem Fall war es der Mut zur Trennung. Ich habe erfahren, dass es im Leben immer weiter geht. Und ich freue mich sehr, dass ich mit meiner Ex-Frau trotz der Trennung immer noch eine emotionale Verbundenheit teilen darf und wir uns gut verstehen. Vielleicht haben wir beide den besseren Weg für uns gefunden.

Partnern von hochsensiblen Menschen möchte ich Mut zusprechen, sich überhaupt erst einmal mit der besonderen Sensibilität auseinanderzusetzen.

Offen zu sein. Ich brauchte sehr lange, um das Ausmaß zu erkennen. Die Hochsensibilität lässt sich nicht einfach mit einem „stell Dich doch nicht so an“ wegwischen. Sie ist da, mit aller Macht. Es kann für alle Beteiligten hilfreich sein, wenn die Partner das Thema ernst nehmen und sich öffnen. Erst dann können gemeinsame Wege gefunden werden. Deshalb: hört den hochsensiblen Menschen aufmerksam zu und nehmt sie ernst!

Wie heißt Du?

Jacqueline.

Wie bist Du auf das Thema Hochsensibilität aufmerksam geworden?

Ich bin über die Internetseite www.hochsensibel-test.de darauf gekommen, dass ich mit großer Wahrscheinlichkeit zu den hochsensiblen Menschen gehöre.

Meine Freundin hatte mir kurz zuvor von ihrer Hochsensibilität erzählt. In diesem Moment dachte ich noch nicht im Geringsten daran, selbst dazu zu gehören. Einige Tage später befasste ich mich mit freier Assoziation. Dieses Thema hatte mich schon länger beschäftigt. Dabei stieß dabei auf den Test zur Hochsensibilität.

Was möchtest Du zu Deiner Person und Deinem Leben mit der Hochsensibilität erzählen?

Ich gehöre zu den Menschen, die sich für sehr viele Dinge interessieren. Das führt dazu, dass ich meist 3-4 Bücher gleichzeitig lese. Mit Themen, auf die ich stoße und die ich spannend finde, möchte ich mich sofort beschäftigen. Mir wird demzufolge selten bis nie langweilig, jedoch laufe ich häufig Gefahr mich zu „verzetteln". Effektivität und Struktur sind mir eher ein Gräuel, obwohl ich deren Sinn und Zweck durchaus einsehe. Ich fühle mich jedoch wohler, wenn ich nicht geradlinig laufe, sondern öfter mal nach links, rechts, oben oder unten schaue.

Vor ca. 8 Jahren bin ich durch meine Liebe zu den Pferden auf Horsemanship gestoßen. Ich ritt schon eine Weile nicht mehr, wurde aber immer wieder von diesen wunderbaren Geschöpfen angezogen. Auf einer Messe sah ich eine Vorführung und war völlig fasziniert von dieser Art der Pferd-Mensch-Kommunikation. Ich erfuhr, dass diese Methode im Prinzip von jedem erlernbar ist und nichts mit Pferdeflüsterei zu tun hat. Vielmehr muss man „zuhören" und sich einfühlen können. Das gelingt mir sehr gut!

Dass jedoch Klarheit und Entscheidungsfreude genauso dazu gehören, wurde mir erst klar, als ich dieses Abenteuer begann.

Gleich in meinem 1. Seminar (ich habe kein eigenes Pferd), in dem ein mir fremdes Pferd an meiner Hand durch liegende Gummireifen laufen sollte, wurde ich vor die 1. Hürde gestellt. Das Pferd wollte nicht und ich dachte: „Na dann mache ich eine der anderen Übungsstationen." Sofort kam die Seminarleiterin auf mich zu und sagte mir deutlich: „Das Pferd kann das! Du musst dir klar machen, dass du das auch willst und dabei entschlossen sein.“ Die Kunst war und bleibt zu erkennen, wann ein Pferd in der Lage ist, etwas zu tun oder eben noch nicht, weil Blockaden überwunden werden müssen. Aber das ist eine andere Geschichte.

Für mich begann nun eine Zeit des Lernens und Umdenkens. Das Erlernen der Pferdesprache und daraus folgend, das Achten auf die eigene Körperhaltung, in der sich dann Klarheit und Entschlossenheit ausdrücken. Fokus setzen, jederzeit überlegen was man will und wie man es umsetzen kann. Dazu gehört auch das Grenzen setzen.

Meine Einfühlsamkeit und die Fähigkeit, zuhören zu können sind heute der Anteil meiner Persönlichkeit, der für mich das Besondere ausmacht. Denn ohne diese Fähigkeiten ist feines Arbeiten nicht möglich. Horsemanship bliebe somit nur eine erlernte Technik.

Selbstredend hat dieses Denken und Umsetzen auch im privaten Bereich seine volle Wirkung gezeigt, beispielsweise in der Erziehung. Mein Sohn, er ist heute fast 17, gehörte zu den Kindern, denen man jeden Tag Grenzen setzen muss, damit sie nicht aus dem Rahmen fallen. Ich fand es unendlich schwer, diese Konsequenz aufzubringen und trotzdem zugewandt zu bleiben. Auch die Interaktion mit meinem Mann hat sich verändert. Wichtig ist mir heute, wie man mehr Klarheit in der Kommunikation erreichen kann. Dazu gehört die Entschlusskraft, diese neu gewonnenen Erkenntnisse umzusetzen. Sehr hilfreich war dabei ein Buch von Mark Rashid, einem großartigen Horseman, mit dem Titel „Horsemanship through life“, in der deutschen Übersetzung „Pferde suchen einen Freund“. Das Buch war gerade was das Alltägliche anging eine Hilfe.

Welche Herausforderungen erkennst Du im Umgang mit der Hochsensibilität und wie gehst Du damit um?

Ich habe viel dazu gelernt in den letzten 8 Jahren. Mit Anfang 50 stehe ich an einem Punkt, an dem ich mich noch einmal neu orientiere. Unsere 4 Kinder - 2 davon aus der 1. Ehe meines Mannes - sind groß. Ich frage mich, wo will ich hin und was ist mir heute wichtig. Ich weiß, dass die negativen Seiten der Hochsensibilität individuell sehr unterschiedlich sein können und doch ähneln sie sich darin, dass man von seiner Umwelt, der Gesellschaft im Allgemeinen häufig überfordert ist. Das geht mir sicher genauso wie vielen anderen. Reizüberflutung in Form von lauten Geräuschen, visuelle Überforderung, penetrante Gerüche, viele Menschen, etc. Darauf möchte ich aber hier nicht eingehen. Ich habe gelernt, dass es mir hilft auf meine Stärken zu schauen. Unangenehme Dinge, die ich nicht ändern kann, meide ich oder versuche sie auszublenden. In Situationen, in denen ich eventuell Einfluss nehmen kann tue ich das („Bitte benutze dein Parfüm in deinem Zimmer statt im Bad").

Ich stoße häufig auch an Grenzen, vor allem im Zusammensein mit Menschen, die Erwartungen haben. Ich versuche mir immer wieder bewusst zu machen, mit welchen Menschen ich meine Freizeit verbringen möchte und wer mir gut tut. Ich bin auf jeden Fall stärker und stabiler geworden. Wichtig war dabei, dass ich mich von einer inneren Opferhaltung verabschiedet habe und heute mehr denn je meinen Fokus bewusst auf die Freude setze. Manchmal ist das schwer. Da ich jedoch weiß, dass es für mich der richtige Weg ist, finde ich immer darauf zurück. Das ist für jeden Bereich meines Lebens positiv. Vor einiger Zeit bin auf Naikan gestoßen, die buddhistische 3-Frage-Methode zu innerem Frieden.

Zuerst war da eine spontane innere Abwehr, aber je öfter ich darüber nachdachte, sah ich einen Sinn darin. Wäre mir dieses Buch früher in die Hände gefallen, hätte ich es wahrscheinlich nicht beachtet. So hat es mir einen neuen Blickwinkel gegeben.

Welche Erkenntnisse und Erfahrungen möchtest Du mit anderen hochsensiblen Menschen teilen?

Wenn ich anderen Hochsensiblen etwas mitgeben möchte dann dies:

Schaut auf eure Stärken, setzt euch ein persönliches Ziel, bleibt dabei immer authentisch und lasst euch niemals von eurem ganz persönlichen Weg abbringen!

Wie heißt Du?

Elisa

Was möchtest Du zu Deiner Person erzählen?

Ich bin 25 Jahre alt und lebe, verheiratet seit nun 1 1/2 Jahren, mit einem Einheimischen in der Türkei. Ich führe das klassische Leben einer Hausfrau, bisher allerdings ohne Kinder.

Insbesondere meine Kindheit in Deutschland, die ich bei meiner alleinerziehenden Mutter verbrachte, war eingebettet in eine kaputte Familie, die im Laufe der Zeit auch noch ganz auseinanderbrechen sollte. Die Kindheit zeichnete sich vor allem durch mehrere Umzüge und damit verbundene Neuanfänge aus. Meine Mutter war - geprägt durch die Umstände - eine sehr dominante Persönlichkeit. Sie verkörperte immer das genaue Gegenteil von mir und so verlief das Zusammenleben mit ihr auch nie lange harmonisch.

Meine eher unglückliche Kindheit ging über in eine noch unglücklichere Jugend. Durch den Verlust meiner ersten großen Liebe und aufgrund eines Wechsels in die gymnasiale Oberstufe und in ein Internat, in welchem ich nicht sein wollte, war ich völlig überlastet, überfordert und wurde psychisch krank. Offensichtliche Probleme hatte ich schon seit ein paar Jahren und Hilfe brauchte ich auch. Meine Mutter, meine letzte wirkliche Bezugsperson, wollte mir dabei jedoch nicht helfen. „Wenn du zum Psychologen gehen willst, musst du ihn anrufen", bekam ich lediglich zu hören, obwohl sie genau wusste, dass ich in meiner introvertierten Art nicht dazu in der Lage war, jemand Fremdes, noch dazu eine Art „öffentliche Institution" anzurufen.

Erst Jahre später, als es immer weiter bergab ging und ich schulisch zu keinen Leistungen mehr in der Lage war, half sie mir, indem sie mir eine 2-monatige stationäre Therapie verschaffte. Ich musste daraufhin ein Schuljahr wiederholen, schaffte jedoch mit viel Mühe im Nachhinein noch mein Abitur.

Nachdem die Schule ganz abgeschlossen war, blühte ich erst einmal auf. Mir war klar, dass ich es nicht aushalten, geschweige denn schaffen würde, den Universitätsweg zu gehen. Insbesondere nicht direkt im Anschluss an die gerade erst durchgemachte Schulzeit.

Also entschloss ich mich etwas zu lernen, das mir Spaß machen würde, wo ich mein einziges Talent - die Kreativität - ausleben könnte. Ich blendete

Erfolgschancen auf dem Arbeitsmarkt und andere Hindernisse aus, als ich mich bei einer privaten Schule für Modedesign einschrieb. Diese nun folgende Ausbildungszeit entwickelte sich anders als erwartet. Obwohl meine Eltern viel Geld zahlten, empfand ich den Unterricht als wenig strukturiert und geplant. Ich konnte aus dem wichtigsten Fach, dem Nähen, keinen Nutzen für mich ziehen. Es war das Prinzip „learning-by-doing", welches meinem Wesen zu widerstreben schien und wahrscheinlich weiterhin widerstrebt.

Nach einem halben Jahr wechselte ich auf eine andere Modeschule in der gleichen Stadt. Dort machte ich Fortschritte, fand aber, dass ich im Vergleich zu den anderen Mitschülern weiterhin zu große Lücken hatte. Ich brach die Schule nach 1 1/2 Jahren Ausbildungszeit komplett ab, wieder einmal begleitet von einem großen Herzschmerz, der Trennung von meinem heutigen Mann. Dieser sollte erst später wieder zu mir finden.

Ich zog in meine Geburtsstadt Frankfurt am Main, der ich mich immer sehr verbunden fühlte. Dort folgte ich einer meiner ersten Jugendideen, Stewardess zu werden. Es traf sich gut, hatte doch gerade die Lufthansa aus Gründen des Personalmangels ihre Aufnahmebestimmungen gelockert. Obwohl ich für eine klassische Stewardess zu klein bin, hatte ich nun erstmalig die Chance, es versuchen zu dürfen.

Ich versuchte mein Glück gleich in mehreren Bereichen und durfte am Ende zwischen einem Lehrgang für Flugbegleiter und einem für Check-In Mitarbeiter wählen. Ich entschied mich also für ersteres.

Wieder sollte mein Glück nicht lange währen. Ich schied als erste aus dem Lehrgang aus, nach nur einer Woche. Meine introvertierte Art passte einfach nicht zu einer Servicekraft. Mit stundenlangen Vorbereitungen auf die Assessmentcenter hatte ich die Psychologen und prüfenden Auswähler der Firma täuschen können. Ich hatte mich so verkauft, wie sie es wollten. Ich wusste genau, was man wann und wo erwartete. Im Lehrgang konnte ich dieses Bild allerdings nicht aufrechterhalten.

Der Vorsatz, um des Berufes willen ein extrovertierter Mensch zu werden, war da. Ich vollzog eine für mich ungewöhnliche und hochgradige Änderung im Verhalten, indem ich erstmalig auf Menschen zuging. Dabei versuchte ich, ganz normal zu wirken. Aber dieses Schauspiel war zu ungeübt. Hinzu kam, dass die Augen der Lehrer zu genau, zu kritisch waren. Ihnen entging mein Schauspiel nicht. Natürlich war es ein harter Schlag, als ich erfuhr, dass mein Traum vom Fliegen so schnell ausgeträumt war. Hoffnungslosigkeit, Enttäuschung, Angst und vor allem das Gefühl, versagt zu haben sowie wahrscheinlich immer wieder zu versagen, machte sich breit. Desillusioniert und kaum noch motiviert, machte ich mich auf die Suche nach einer beruflichen Alternative. Ich blieb im Servicebereich, da ich mir sonst nichts mehr hätte vorstellen können. Fatal, da ich ja erst in eben jenem Sektor gescheitert war.

Ich bewarb mich im Hotelbereich um Ausbildungen. Probearbeiten scheiterten. So langsam waren die Ausbildungsplätze für das Jahr vergeben und ich machte mich daran, einen alternativen Lebensplan zu entwerfen. Mein Vater, zu dem ich aufgrund der Nähe des Frankfurter Flughafens erstmals gezogen war, konnte das berufliche Scheitern und die damit für ihn verbundenen Kosten meiner Lebenshaltung in seinem (schon immer krankhaft vorhandenem) Geiz nicht ertragen. Er versuchte über Monate, mich mit seiner provozierenden Art zu vertreiben. Er zwang mich aber arbeiten zu gehen, in dem er mir jedes Geld verweigerte. Da ich es als Kellnerin ja gar nicht erst versuchen musste, ergatterte ich mir einen Reinigungsjob, und putzte an 5-6 Tagen in der Woche ein kleines Privathotel mit 14 Zimmern.

Entgegen aller Erwartungen, meiner eigenen mit eingeschlossen, machte mir diese Arbeit wirklich Spaß. Sie überforderte mich nicht, gab mir eine feste Aufgabe im Leben, bei der ich mit meiner Gründlichkeit und meinem Hang zum Perfektionismus auch mal Erfolg verspürte und natürlich verdiente ich erstmals etwas Geld. Dies war so schön, dass ich gleich noch einen Reinigungsjob zusätzlich übernahm und so nach meiner Arbeit noch drei Mal die Woche abends ein Autohaus putzte.

Mir war trotz allem klar, dass ich diese Arbeit nicht bis zu meiner Rente machen wollte. Das wäre körperlich auf die Dauer eine zu große Belastung geworden. Außerdem wäre ich unter anderen Lebensumständen mit dem Gehalt in finanzielle Schwierigkeiten gekommen.

Der Druck seitens meines Vaters, bis spätestens zu einem Tag X auszuziehen, lastete über allen Entscheidungen. Da all meine Versuche gescheitert waren, irgendwo mit einer langfristigen Anstellung Fuß zu fassen, beschloss ich Deutschland den Rücken zu kehren und in die Türkei auszuwandern. Dies hatte ich sowieso vor. Es schien der geeignete Zeitpunkt dafür zu sein, auch wenn ich gerne eine Absicherung in Form einer abgeschlossenen Ausbildung in der Tasche gehabt hätte.

Ich hatte nichts zu verlieren und nichts zu vermissen. So konnte das neue Leben in der Türkei nur positiver werden, was es in der Tat auch wurde. Ich heiratete und lebte/lebe dort ein - mal mehr, mal weniger- muslimisches Leben. Zum Islam war ich aus Überzeugung und unabhängig von meinen späteren Plänen schon ein Jahr vor meiner Auswanderung und Ehe konvertiert.

Wie kamst Du darauf, dass Du hochsensibel sein könntest?

Auf das Thema Hochsensibilität bin ich erst sehr spät gekommen, da ich jahrelang Probleme hatte, die mich sehr viel stärker eingenommen haben. Ich war damals psychisch erkrankt.

Ich weiß nicht mehr genau, wie ich darauf kam, dass ich hochsensibel sein könnte. Es war an einem ganz normalen Tag, an dem ich mit meinem Laptop auf dem Bett lag und mal wieder den Gedanken freien Lauf ließ. Es wird einen zündenden Gedanken gegeben haben, vielleicht war es auch eine Kette von Gedanken über mich selbst, an deren Ende sich das Wort „sensibel“ oder doch „hochsensibel“ wie von allein bildete. Ich wollte wissen, ob es sowas gibt und ob es sein kann, dass ich es bin. Dann habe ich im Internet nachgeschaut.

Woran machst Du Deine Hochsensibilität fest?

Auffällig ist, dass ich schon immer Probleme im sozialen Bereich aufwies. Diese empfindet man auch selbst nicht unbedingt als „normal“, dennoch erkennt man deswegen nicht gleich die dahinter verborgenen Gründe.

Als Kind war ich schon immer der Typ Einzelgänger. Ich war still und spielte nie in größeren Gruppen, sondern allein oder mit einem anderen Kind, abseits der Gruppe. Kindergeburtstage bereiteten mir ein flaues Gefühl in der Magengegend. Ich wollte dort nie hingehen. Ich musste aber, da meine Mutter Wert darauf legte, dass ich mich nicht isolierte. Ich war selten integriert, da ich mich nicht einbrachte. Ich war mehr der Zuschauer des Geschehens.

Ich lernte schnell das Gefühl von Einsamkeit kennen. In der Schule meldete ich mich nie. Von der 1. zur 13. Klasse brachte ich es nicht fertig, mich mündlich am Unterricht zu beteiligen. Sehr zum Ärgernis meiner Lehrer und meiner Mutter. Oftmals lernten neue Lehrer oder Kinder in der Klasse meinen Namen als Letzten, da ich - wie man mir auch einmal sagte - wirkte, als ob ich gar nicht da sei. Viele bemerkten mich nicht, obwohl ich alles bemerkte und mir sehr wohl sehr präsent vorkam. Da ich mir den Unterschied zwischen meinem eigenen Erleben und dem eines anderen in dieser Größenordnung nicht vorstellen konnte, fühlte ich mich auch oft durch solche Aussagen beleidigt und verletzt.

Kritik konnte ich ohnehin nicht allzu gut ertragen. Ich verstand den rationalen Teil darin oft gut, aber die Auswirkung des Teiles der Aussage die mich persönlich traf, setzte mir zu. Auch wenn mein Gegenüber mich nicht verletzen wollte. Kritik führte dazu, dass bei mir Gedankengänge ins Rollen kamen und Trauer darüber, unverstanden zu sein. Wenn man erstmals mit etwas konfrontiert wird, auf das man nicht gefasst ist, weil man es selbst nicht oder anders sieht, dann kommt das einem Schock gleich. Es ist dann schwer, in der eigenen „subjektiven Blindheit" die Wahrheit anzunehmen, die in der Aussage ja sehr wohl stecken mag.

So zurückhaltend ich in Bezug auf andere war, so vorsichtig war ich auch in sonstigen Bereichen. Ich brauchte Jahre, bis ich mich traute, im Schwimmbad einmal eine Rutsche herunter zu rutschen. Jahre, um mich auf eine niedrige Achterbahn zu trauen. Ich lernte auch nie einen Radschlag, Handstand oder Skateboard fahren wie die Jungs, obwohl mich das alles interessiert hätte. Ich hatte einfach Angst vor Verletzungen und insbesondere vor dem freien Fall. In gewisser Weise hatte ich auch Angst vor Höhe. Dies alles ist mir noch immer zu Eigen.

Mein erstes Talent und Hobby war das Malen. Mich in aller Ruhe mit Farben auseinanderzusetzen und Genauigkeit in der Darstellung zu üben, war eine Zeit lang wohl meine liebste Beschäftigung.

Später kam eine Vorliebe für schöne Schrift hinzu, sowie generell ein Auge für alles Schöne und Ästhetische. Dies zieht mich bis heute magisch an. Dazu an anderer Stelle mehr.

Ich denke sehr viel nach und komme noch mehr ins Denken, wenn sich ein Problem auftut. Es dauert nicht lange, bis ich geistig alle Wege erfasst habe, die es möglicherweise zu gehen gibt. Es fällt mir nicht schwer, den richtigen davon für mich auszuwählen. Es beruhigt sich erst, wenn ich mich entschieden habe. Man kann sich das ungefähr so vorstellen, wie eine MindMap. Wenn ich mich mit jemandem unterhalte versuche ich oft, ihm viel von meiner Erfahrung mitzugeben. Ich erzähle dabei lang und breit von mir, was wahrscheinlich egoistisch wirkt.

Wie an dieser Stelle deutlich, mache ich mir oft parallel noch Gedanken darüber, was der andere über mich denkt. Meine Schilderungen sind in der Regel viel zu lang. Ich schmücke zu sehr aus, um den anderen ein möglichst genaues Bild von dem zu vermitteln, was ich wirklich meine.

Wenn es zu einer Gruppenbildung kommt, bin ich bin noch heute eher die aufmerksame Beobachterin, die reagiert, jedoch nicht oder nur sehr selten agiert.

Musik berührt mich. Sie lässt teilweise Bilder vor meinem geistigen Auge erscheinen und beeinflusst meine Stimmung. Heavy Metal meide ich. Ich habe ein Faible für melancholische Musik, die ich besonders in meinen depressiven Phasen gern gehört habe. Bis heute hänge ich an der Stimme des Sängers meiner Lieblingsband, auch wenn ich mittlerweile ein depressions-freies, optimistisches Leben führe. Klassik führt bei mir meist zu Gänsehaut, die sich am ganzen Körper zu bilden scheint. Selbst an den Wangenknochen, wo es zumindest genauso kribbelt wie am Rest des Körpers.

Emotionen anderer reißen mich oft mit. Wenn ich in Filmen oder im realen Leben jemanden weinen sehe und ich mich in die Situation der weinenden Person hineinversetze, kann ich meine eigenen Tränen kaum zurückhalten.

Es mag etwas außergewöhnlich erscheinen, dass ich - wenn ich irgendwo als Beifahrer mitfahre - nie wirklich merke, wo wir langfahren. Mein Blick bleibt haften an Landschaften, Häusern, der Dekoration in oder außerhalb von Häusern sowie allen anderen Dingen, die mein Auge anziehen. Oftmals sind es geometrische Muster oder Farbharmonien.

So ist es mir auch eine Freude, mehr noch ein Hobby geworden, stundenlang Modestrecken oder Inneneinrichtung anzuschauen. Außerdem suche und sammele ich dekorative Gegenstände.

Über welche Aspekte Deiner Hochsensibilität freust Du Dich?

Ich glaube, das größte Geschenk der Hochsensibilität ist das tiefe positive Erleben. Insbesondere die Liebe ist hier zu erwähnen. Wenn man glücklich verliebt ist, dann ist es das schönste Gefühl, welches man sich vorstellen kann. Ich bin mir sicher, dass mir jeder, der Liebe erfahren hat, hierin Recht geben wird. Solche Gefühle erfahren natürlich nicht nur hochsensible Menschen. Aber so, wie Menschen beispielsweise nach einer Trennung unterschiedlich gut mit der Situation umgehen können, so unterschiedlich erleben sie auch die Beziehung selbst. Es ist ein großer Segen, wenn man Liebe und das ganze Ausmaß des Glückes so tief erfahren kann.

Ich freue mich außerdem, dass mich Musik anspricht sowie visuell interessante und schöne, harmonische Dinge. Letztere suche ich mir bewusst aus und kaufe sie. Ich gestalte meine Umgebung, mein Zuhause, als einen Ort, an dem ich bleiben möchte und der mir in der Betrachtung von Kleinigkeiten etwas Positives gibt.

Siehst Du für Dich Möglichkeiten, die Aspekte die Dir eine Freude sind im Alltag noch häufiger hervortreten zu lassen?

Ja, indem ich einer Arbeit nachgehen könnte, die im kreativen Bereich liegt. Wenn ich mit dem, was mich sowieso beschäftigt, auch noch Geld verdienen könnte, wäre das meine Erfüllung.

Welche Aspekte Deiner Hochsensibilität sind eine Herausforderung?

Die Hochsensibilität erlebe ich nicht als problematisch. Ich habe sehr viel Problematischeres erlebt, insbesondere meine psychische Erkrankung über 10 Jahre hinweg. Selbst wenn diese vielleicht einen Teil ihres Ursprungs auch in der Hochsensibilität hatte.

Natürlich ist es nicht schön, heute immer noch festzustellen, dass man nur einen kleinen Freundeskreis hat. Auch ist es nicht schön, wenn manche Menschen erst einmal keinen direkten Bezug zu mir herstellen, während sie es bei anderen Personen, die vielleicht neben mir stehen, tun.

Die berufliche Hürde habe ich nach mehrfachem Scheitern erst einmal auf Eis gelegt. Grundsätzlich wäre es schon noch mein Wunsch, einen Beruf zu ergattern, der mir liegt und Spaß macht. In dem ich mich auch beweisen kann.

Was könntest Du tun, um mit den negativen Seiten Deiner Hochsensibilität besser umzugehen?

Ich komme zum Glück soweit gut zurecht, dass ich keinem Leidensdruck ausgesetzt bin. Ich habe aber auch gelernt zu akzeptieren, dass ich manche Eigenschaften, wie beispielsweise meine ruhige Art, nicht wesentlich ändern kann. Auch wenn mir vielleicht alles was daraus resultiert, im Leben negativ begegnet.

Wie heißt Du?

Velvetdoll

Was möchtest Du zu Deiner Person erzählen?

Ich bin über 30, lebe alleine mit meiner Katze und habe seit 5 Jahren eine Fernbeziehung. Meine Brötchen verdiene ich in der Medienbranche. Ich wohne mitten im Zentrum einer großen Stadt. Das ist sehr wichtig für mich, ich will alles in nächster Nähe haben.

Meine Hobbys und Interessen aufzuzählen, würde viel zu viel Platz beanspruchen, ich beschränke mich daher auf die wichtigsten Sachen: Katzen, Mode, Cosplay, Reisen, Nähen und andere Handarbeiten, Computerspiele, Puppen sammeln, Lesen, Filme und Musik.

Meine Lebensumstände sind gut, ich kann mir viele Sachen leisten, die ich haben möchte. Die Beziehung zu meinem Freund ist wunderschön, er ist auch hochsensibel. Meine Wertvorstellungen entsprechen traditionellen Normen. Treue ist für mich sehr wichtig, andere Leute nicht zu verletzten und möglichst wenig zu enttäuschen sowie nicht auf den Gefühlen von anderen rumzutrampeln. Ich bin tolerant und habe so gut wie keine Vorurteile

Wie kamst Du darauf, dass Du hochsensibel sein könntest?

Ich habe schon in der Kindheit gemerkt, dass ich anders als andere ticke. Ich war immer ein Außenseiter, wenn auch nicht unbeliebt. Im Internet bin ich auf den Begriff „hochsensibel“ gestoßen und habe dann dazu recherchiert. Leidensdruck verspürte ich keinen, fühlte mich nur oft unverstanden und sah, andere Menschen so ganz anders sind als ich.

Woran machst Du Deine Hochsensibilität fest?

Ich bin durch andere Menschen und den Kontakt mit ihnen sehr schnell überfordert ist. Ich empfinde es als sehr anstrengend, mich mit anderen Menschen auseinandersetzen zu müssen und bin lieber allein oder mit meinem Freund zusammen. Nie konnte ich es verstehen, warum andere Menschen sich ständig mit Leuten treffen müssen, auch nach der Arbeit noch. Mir reicht es, dass ich dort mit Menschen zu tun habe und ziehe in meiner Freizeit die Gesellschaft von Katzen oder Pflanzen vor.

Meine Gefühlswelt ist sehr reich, oft fühle ich mich meinen Gefühlen regelrecht ausgeliefert.

Meine Sinne sind auch sehr fein, Geruchs- und Gehörsinn ganz besonders. Ich erfreue mich an Kleinigkeiten, die andere gar nicht wahrnehmen, beispielsweise irgendein schönes Geräusch in einem Computerspiel, eine Blüte in einem Strauch oder eine besondere Wolke.

Über welche Aspekte Deiner Hochsensibilität freust Du Dich?

Ich mag es, dass meine Sinne so ausgeprägt sind. Und dass ich anderen Menschen oft helfen kann, weil ich instinktiv weiß, was das Richtige für sie ist - oft besser als sie es selbst wissen. Ich kann mich sehr gut in andere hineinversetzen, das finde ich schön. Gut zuhören kann ich auch und weiß meistens einen Rat.

Siehst Du für Dich Möglichkeiten, die Aspekte die Dir eine Freude sind im Alltag noch häufiger hervortreten zu lassen?

Ich könnte mir vorstellen, dass ich mit meinen besonderen Fähigkeiten anderen sehr viel helfen kann. Im Bereich Lebensberatung beispielsweise. Vielleicht mach ich so etwas einmal, wenn ich älter bin.

Welche Aspekte Deiner Hochsensibilität sind eine Herausforderung?

Ich finde es nervtötend, anderen immer erklären zu müssen, warum man keinen Bock auf ein Treffen oder Weggehen hat etc. Keiner versteht so recht, warum ich am liebsten daheim bin. Ich fühle mich so wohl, aber es geht mir auf die Nerven, mich dafür immer rechtfertigen zu müssen.

Manchmal würde ich das Gedankenkarussell in meinem Kopf gerne abschalten, besonders dann, wenn ich ein Problem habe und nicht einschlafen kann, weil sich in meinem Kopf alles dreht.

Und ich hätte furchtbar gerne weniger Angst vor Veränderungen.

Was könntest Du tun, um mit den negativen Seiten Deiner Hochsensibilität besser umzugehen?

Ich bin mit meinem Leben sehr zufrieden und möchte daran nichts ändern. Man soll mich einfach nur in Ruhe lassen und mich nicht nerven. Mein Leben ist ziemlich perfekt, bis auf einige Probleme, die ich in nächster Zeit lösen muss. Allerdings sind diese Dinge nicht der Hochsensibilität geschuldet, es hakt an ganz anderen Stellen.

Richtig perfekt wäre mein Leben, wenn ich nicht arbeiten müsste. Es frustriert mich, dass ich den ganzen Tag in einem Büro hocken muss, während ich tausend andere Dinge lieber täte.

Welche Erkenntnisse und Erfahrungen möchtest Du mit anderen Hochsensiblen teilen?

Ich wüsste gern, wie andere Hochsensible ihre sozialen Kontakte angehen. Ich habe am liebsten nur virtuelle Kontakte. Die kommen mir nicht zu nahe, ich muss mich nicht verstellen und wenn ich keine Lust mehr habe, dann gehe ich einfach offline.

Wie heißt Du?

Ulrike

Was möchtest Du zu Deiner Person erzählen?

Ich bin 34 Jahre alt und lebe gemeinsam mit meinem Mann in Lüneburg. Wir arbeiten beide als private Förder-Lehrer in eigener Praxis. Wir helfen Kindern und Jugendlichen mit ihrer schulischen Situation umzugehen, mit fachlicher und/oder therapeutischer Kompetenz. Meine Hobbys sind vielfältig und vielzählig: ich spiele Harfe, ich interessiere mich für Körperarbeit, ich lese wahnsinnig gern, ich bin gern im Garten oder gehe spazieren, ich arbeite in einem Verein für alternative Heilmethoden mit, ich liebe meditativen Tanz und Meditationsübungen verschiedenster Art, ich sammle Handpuppen (für die Kinder). Ich arbeite als Hausaufgabenbetreuerin, als Kinderturnerin, als Therapeutin, als Prüfungscoach und als Körperarbeiterin.

Wie kamst Du darauf, dass Du hochsensibel sein könntest?

Ich bin zum ersten Mal in einem Vortrag an der Familienbildungsstätte auf das Thema „Hochsensibilität" gestoßen. Ich bin dort hingegangen, weil ich Informationen wegen ein paar Schülern haben wollte, mit denen ich nicht wirklich vorankam. Während des Heimwegs fiel mir auf, dass auf meinen Mann (mit dem ich damals schon seit 13 Jahren zusammen war) viele der erwähnten Dinge zutreffen könnten. Beispielsweise schnell überfordert zu sein, speziell wenn mehrere Dinge gleichzeitig zu bewältigen sind, dennoch sehr aufmerksam und detailliert Situationen wahrnehmen zu können. Jedenfalls liefen mir die Tränen über die Wangen, als ich reflektierte, dass ich ihn falsch eingeschätzt habe bislang. Manchmal dachte ich er sei einfach nur naiv und zum Teil stumpf. Kurz vor unserer Haustür entdeckte ich, dass ich auch betroffen bin! Dann kam ich hinein und fing an, Fragen zu stellen: „Ist es bei dir auch so, dass ….?" Und zum ersten Mal traten wir beide in einen Austausch über unser Innenleben. Es war sehr beglückend, sich damit auseinander zu setzen und festzustellen, dass ich nicht die einzige Bekloppte auf dieser Welt bin!

Woran machst Du Deine Hochsensibilität fest?

Ich bekomme viele Dinge zur selben Zeit mit. Ich brauche meine Ruhezeiten, in denen ich musiziere, male, meditiere oder ruhe. Ich esse am liebsten die Lebensmittel einzeln und hintereinander. Ich plane meine Zeiten gut, etwa wann ich einkaufen gehe, wann ich Bewegung brauche, wann ich in Kontakt gehen kann. Einem Fremden würde auffallen, dass ich zu bestimmten Zeiten sehr empathisch und mitühlend sein kann und bald darauf am liebsten alleine bin.

Über welche Aspekte Deiner Hochsensibilität freust Du Dich?

Mich bereichert die schnelle Auffassungsgabe, die mir in vielen Fällen dient. Meine unglaublich gutes Gedächtnis erlaubt mir Zugriff auf längst vergessen Geglaubtes. Alles in allem ermöglicht mir diese Gabe mich auf vielen Ebenen bewegen zu können - intellektuell ebenso wie spirituell - und ein ganzheitliches Gefühl vom menschlichen Dasein zu erahnen.

Ich mache meine Gabe auch zum Beruf. Als Therapeutin ist es wichtig, viel vom anderen Menschen mitzubekommen, um ihn begleiten zu können.

Siehst Du für Dich Möglichkeiten, die Aspekte die Dir eine Freude sind im Alltag noch häufiger hervortreten zu lassen?

Ja, natürlich. In den letzten zwei – drei Jahren hat sich mein Alltag schon verändert. Also vom Bekanntwerden der Hochsensibilität bis jetzt habe ich viel mehr Ruhepunkte in meinen Alltag eingebracht. Ich verstecke mich nicht mehr so oft hinter Unwissenheit, sondern sage, was ich weiß. In vielen

Gruppen und Kontexten bin ich die Jüngste, da fiel es mir bislang schwer, den anderen zu widersprechen. Ich habe begonnen, selbst eine meditative Gruppe zu leiten und kann dort auf meine Intuition vertrauen.

Welche Aspekte Deiner Hochsensibilität sind eine Herausforderung?

Die Balance zwischen Alleinsein und Sozialem zu finden, ist eine Herausforderung. Wieviel Zeit ist zum Meditieren in Ordnung um gestärkt in den Alltag zu starten? Manchmal kann es echt viel Zeit sein.

Momentan bringt es mich noch in Bedrängnis, wenn ein Gesprächspartner widersprüchliche Botschaften sendet, beispielsweise Tränen über die Wangen laufen und er versichert „Ich weine nicht!“.

Für mich ist es wichtig geworden, meinen Weg zu finden und zu mir zu stehen. Ob es nun normal ist, im H&M einzukaufen obwohl ich viel lieber im Second-Hand-Laden shoppe. Oder ob es normal ist, jeden Freitag in die Disco zu gehen, ich aber viel lieber bei Freunden zu Hause tanze. Ja, manchmal fluche ich über meine Gabe und würde auch öfter die Nacht zum Tag machen. Und manchmal mache ich es auch und stelle fest: das kann gehen. Wenn ich mich bewusst dafür entscheide und am nächsten Tag der Trott halt langsamer geht, dann ist es eben so.

Was könntest Du tun, um mit den negativen Seiten Deiner Hochsensibilität besser umzugehen?

Im Wesentlichen geht es zunächst darum, wahrzunehmen was ist. So bin ich also. So reagiere ich. Und erst in einem zweiten Schritt – falls überhaupt - eine Bewertung reinzubringen. So will ich sein, so nicht.

Welche Erkenntnisse und Erfahrungen möchtest Du mit anderen Hochsensiblen teilen?

Finde deinen Ruhepunkt. Unterstütze dich selbst. Finde einen guten Kontakt zu deinem Körper und seinen Bedürfnissen. Zentriere dich. Nimm dich wahr.

Wie heißt Du?

Hans-Joachim

Was möchtest Du zu Deiner Person erzählen?

Ich bin 71 Jahre alt, verheiratet und habe einen Sohn. Ich bin Halbwaise, meine Mutter verstarb als ich anderthalb Jahre alt war. Bis zu meinem fünftten Lebensjahr lebte ich bei meiner Großmutter. Als sie im Jahre 1948verstarb, kam ich zum ersten Mal in ein Kinderheim. Mein Vater war in Kriegsgefangenschaft. Dann kam ich mittels einer Schleusung über die damalige Zonengrenze ins Rheinland zu Verwandten nach Düsseldorf. Es schloss sich eine kleine Odyssee von Wohnortwechseln an.

Ich machte zunächst eine Ausbildung als Metzger und arbeitete in diesem Beruf 14 Jahre lang. 1972 wechselte ich zum Rettungsdienst. Ab diesem Zeitpunkt wohnte ich auf dem Land. Ich wechselte häufig Wohnorte und Schulen. Als Rettungsassistent war ich 37 Jahre tätig. Seit 2006 bin ich Rentner.

Ich habe viele Hobbys. Dazu zählen das Singen im Chor, in einem Trio, Kantorei, das Fotografieren, das Briefmarkensammeln, die Ahnenforschung, Gartenarbeit und das Wandern. Künstlerisch bin ich den schönen Künsten sehr zugeneigt. Malerei, Architektur, Geschichte und bis auf Techno alle Stilrichtungen von Musik.

Meine Wertvorstellung ist humanistisch-sozial. Ein Teil meiner Jugend ist von Diakonissinnen geprägt. Schon früh bin ich mit dem Leid der Menschen konfrontiert gewesen. Durch meine frühen Kindheitserfahrungen sind meine Sinne geschärft worden. Es war für mich überlebenswichtig, frühzeitig erkennen zu können, wer vor mir steht und was das für ein Mensch ist. So konnte ich ihn richtig einschätzen und mich darauf einstellen.

Wie kamst Du darauf, dass Du hochsensibel sein könntest?

Dass ich hochsensibel bin, wusste ich schon sehr früh. Ganz ohne Internet, Freunde oder gar Feinde (Stichwort Hänseleien). Früh hatte ich erkannt, dass ich sehr feine Antennen habe und sehe, was andere nicht sehen. Aufmerksam wurde ich dadurch, dass ich oft gefragt wurde: „woher willst du das wissen, das liegt doch in der Zukunft?“. Immer schon war es mir möglich zu sehen, wo die Entwicklung hinführt. Das war in meiner Jugend so, im Beruf und in der Familie.

Woran machst Du Deine Hochsensibilität fest?

Ich verfüge über die Fähigkeit, Tendenzen vorherzusehen. Ich weiß wo die Entwicklung hingeht, wenn dies oder jenes gemacht wird oder auch nicht. Mein ehemaliger Fahrdienstleiter sagte immer, ich sei ein Träumer. Leider hat mir die Realität immer Recht gegeben. Auch in der Fähigkeit Menschen einzuschätzen. Meine erste Einschätzung musste ich noch niemals revidieren.

Mit der Hochsensibilität macht man sich keine Freunde. Deshalb hatte ich in meinem Leben höchstens 4 echte Freunde. Ich musste schmerzlich erfahren, dass man nicht ernst genommen wird. Dieses Unverständnis hat mich in meiner Jugend oft zornig gemacht. Die Uneinsichtigkeit meiner Mitmenschen hat mich auf die Palme gebracht. Mit der Zeit lernte ich, damit umzugehen und im Einklang mit mir selbst zu leben.

Meine Fähigkeit, komplexe Zusammenhänge zu erfassen, zu deuten und umzusetzen, hat mir bei meiner Arbeit im Rettungsdienst sehr geholfen und ist meinen Mitmenschen zugute gekommen. Nach meinem Ausscheiden aus dem Beruf fragte mich ein langjähriger Berufskollege, ob ich jemals eine Entscheidung vor Ort revidieren musste. Meine Antwort lautete: niemals! Das klingt für den normalen Menschen schon unheimlich, dies weiß ich.

In meinem Beruf als Rettungsassistent beim Deutschen Roten Kreuz war ich immer der Vermittler und ausgleichende Faktor. Wenn einmal nichts mehr ging, Schwierigkeiten unter den Kollegen vorherrschten, wurde ich hin geschickt. Innerhalb kürzester Zeit konnte ich vermitteln.

Ich kann Stimmungen anderer gut einschätzen und nachempfinden. Ich selbst bin ein ausgeglichener Mensch. Eine alte Bekannte fragte mich einmal, wieso sie mich noch nie mit einem grimmigen Gesicht sehen konnte. Und wie ich das mache. Meine Antwort lautete, dass man für das grimmige Gesicht 47 Muskeln brauche, zum Lachen 15. Wieso sollte man sich überanstrengen. Meiner Erfahrung nach kann man mit einem Lächeln viel leichter in Kontakt kommen. Auch zu schwierigen Typen.

Ich habe einen sehr ausgeprägten Gerechtigkeitssinn. Als ich aus meinem Beruf verabschiedet wurde, sagte mir mein damaliger Chef nach Durchsicht meiner Akte: „Hans-Joachim, Sie waren aber nicht gerade ein pflegeleichter Typ". Meine Antwort lautete: „Das wollte ich auch nie sein". Wenn Unrecht zu Recht wird, ist Widerstand Pflicht. Ich habe mich immer für benachteiligte Kollegen eingesetzt.

Einen Betriebsrat konnte ich nach großen Schwierigkeiten durchsetzen. Auch habe ich dafür gesorgt, dass wir gerecht entlohnt wurden. Mehrere Prozesse mussten geführt werden, um das zu erreichen.

Bis zu einem gewissen Grad bin ich harmoniebedürftig. Ich würde mich als tolerant bezeichnen. Toleranz wird fälschlicherweise oft als Schwäche ausgelegt. Dabei ist es aus meiner Sicht genau umgekehrt. Nur wer stark ist, kann sich auch zurück nehmen und „mal Fünfe gerade sein lassen". Ich habe eine Engelsgeduld. Wenn diese jedoch missbraucht wurde, bin ich knallhart. Dann heißt es: „Bis hierhin und keinen Millimeter weiter!".

Ich neige teilweise zum Perfektionismus. Zu preußischen Tugenden wie der Ordnung und Sauberkeit, dem Pflichtbewusstsein, der Toleranz, Aufrichtigkeit und Disziplin. Ich lebe eine Gottesfurcht, bei religiöser Toleranz. Jeder soll nach seinem Glauben glücklich werden. Ich bin für eine Weltoffenheit, dafür andere Kulturen zu achten und ihnen respektvoll zu begegnen.

Bei mir sind die Sinne Hören, Sehen, Riechen und Schmecken sehr ausgeprägt. In meiner Jugend hatte ich sehr feine Ohren. Legte beispielsweise nachts, während ich schlief, jemand die Hand nur auf die Türklinke, wurde ich wach. Heute ist das nicht mehr so. Durch meinen Beruf haben die Ohren gelitten, außerdem habe ich einen Tinnitus. Auch meine sehr gute Nase, die ich früher hatte, funktioniert nach einem schweren Unfall nicht mehr wie einst.

Ich sehe Dinge, die andere gar nicht wahrnehmen. Deshalb ist das Fotografieren eines meiner Hobbys. Seit einigen Jahren fotografiere ich Schmetterlinge.

Über welche Aspekte Deiner Hochsensibilität freust Du Dich?

Für mich ist die Hochsensibilität mehr Segen als Fluch. Dadurch, dass ich es schon sehr früh wusste, habe ich diese Fähigkeit für mich genutzt. Ich hatte erkannt, dass ich erzählen kann was ich will. Der „normal“ empfindende Mensch kann gar nicht erfassen, wie ich ticke. Ungläubiges Erstaunen, Einstufungen als Spinner, Träumer, Phantast oder Besserwisser, waren die Folge. Früh hatte ich mich daran gewöhnt, es störte mich nicht. Man muss akzeptieren, dass jeder Mensch anders ist.

Ich genieße diese Fähigkeit. Ich habe sie in mein Leben eingebaut und lebe gut damit. Dass ich empfindsamer bin als andere, stört mich überhaupt nicht.

Im Gegenteil, es hat mich stark gemacht. Nur etwas musste ich lernen: meine Gefühle nicht zu zeigen. Dies macht einen verletzlich und angreifbar.

Ich bin ein kreativer, neugieriger, fröhlicher, friedlicher, weltoffener und aufgeschlossener Zeitgenosse geworden. Wenn man sich selbst so annimmt wie man ist, hat man schon viel gewonnen.

Einmal sagte eine Bekannte zu mir, dass es bei einem Problem von mir niemals die Aussage „es geht nicht" gäbe. Ich fände immer einen Weg. Das ist doch tröstlich. Nichts Menschliches oder Unmenschliches ist mir fremd. Für mich war dieser Leitspruch wichtig: Ehe Du ein Urteil über einen anderen sprichst, prüfe Dich in Deinem Innersten, ob Du bei gleicher Situation in Deinem Leben, nicht auch so gehandelt hättest.

Soweit es in meiner Macht steht, helfe ich wo ich kann und setze meine Fähigkeiten auch ein.

Welche Aspekte Deiner Hochsensibilität sind eine Herausforderung?

Die Erkenntnis, dass man sich mit seinen Fähigkeiten bei seinen Mitmenschen unbeliebt macht. Oft legt man den Finger in eine Wunde, die niemand sehen will. Dies tut manchmal weh und man macht sich damit Feinde. Man polarisiert dadurch mitunter. Damit erreicht man aber, dass sich die Menschen Gedanken machen. Mir ist es gelungen, dass ich diese Fähigkeit sehr überlegt und differenziert einsetze. Meine Frau ist auch hochsensibel, mit ihr kann ich mich gut austauschen.

Belastend ist es, wenn man etwas sieht und eine Entwicklung erkennt und dennoch ohnmächtig dasteht und nichts dagegen machen kann. Weil niemand es für möglich hält, das dass, was man sagt, auch so eintritt.

Was könntest Du tun, um mit den negativen Seiten Deiner Hochsensibilität besser umzugehen?

In jungen Jahren war es oft schlimm zu erkennen, dass etwas auf uns zu kommt und ich es nicht aufhalten kann, weil mich niemand ernst nimmt. Manchmal war es zum Verzweifeln. Schließlich lernte ich, es zu ertragen. So wie das Wetter, das man auch nicht aufhalten kann. Ich habe bei vielen gesellschaftlichen, wirtschaftlichen und politischen Problemen richtig gelegen. Oft habe ich an Kleinigkeiten gespürt, wohin die Reise geht. Oft komme ich mir vor, wie ein Rufer in der Wüste. Wie ich die Dinge erfasse, kann ich oft selbst nicht sagen.

Über eines muss man sich bei der Frage der Hochsensibilität im Klaren sein: es ist eine Fähigkeit unserer Urahnen, die in uns überlebt hat. Damals war es absolut notwendig, dass man geschärfte Sinne hat. Deshalb ist es keine Spinnerei oder Krankheit, sondern etwas ganz Natürliches!

Heute habe ich damit keinerlei Probleme. Ich habe keinen Leidensdruck. Die Hochsensibilität ist Bestandteil meines Lebens, seit immerhin 71 Jahren. Für das Unverständnis gibt es keine Lösung. Man kann nicht gegen etwas angehen, was die Menschen gefühlsmäßig nicht erfassen können. Das muss man lernen zu akzeptieren, sonst zerbricht man daran!

Welche Erkenntnisse und Erfahrungen möchtest Du mit anderen Hochsensiblen teilen?

Ich möchte zwei Aussprüche aufführen:

Gott gebe mir die Gelassenheit, Dinge hinzunehmen, die ich nicht ändern kann, den Mut, Dinge zu ändern die ich ändern kann und die Weisheit, das eine vom anderen zu unterscheiden.
(Reinhold Niebuhr)

Schick nicht ins Leben spähend Deine Blicke, das Glück erwartend mit der Sehnsucht Pein. Bau Dir zum Glück mit eigner Hand die Brücke, beglücke Du, dann wirst Du glücklich sein.
(Viktor Blüthgen)

Im Übrigen möchte ich sagen: nehmt eure Begabung als Geschenk an! Diejenigen, die eine solche Begabung nicht haben, wissen nicht, was ihnen entgeht. Hochsensibilität ist die Fähigkeit, etwas emotional zu erfassen, zu bewerten, zu analysiere und umzusetzen, was rational nicht erklärbar ist. Landläufig sagt man auch, es sei der siebte Sinn. Zur Bestätigung genügt ein Blick ins Tierreich, auch dort ist dieser Sinn noch vorhanden.

Wie heißt Du?

Kristin.

Was möchtest Du zu Deiner Person erzählen?

Ich bin 35 Jahre alt, lebe in einer größeren Stadt und bin Lehrerin an einer Gesamtschule. Seit 12 Jahren bin mit meinem liebevollen Mann glücklich. Wir haben zwei Töchter im Alter von vier und sieben Jahren. Unsere älteste Tochter ist hochsensibel.

Wie kamst Du darauf, dass Deine Tochter hochsensibel sein könnte?

Vom ersten Tag an hatte es unsere Tochter nicht leicht im Leben. Aufgrund lang anhaltender Wehen wurde sie häufig ins Becken gedrückt. Dies führte zu Atlas- und Beckenblockaden bei ihr, die wir aufgrund starker Koliken und viel Weinen im Säuglingsalter ostheopatisch und chiropraktisch behandeln ließen.

Unsere Tochter entwickelte sich sprachlich-kommunikativ und feinmotorisch rasant. Sorgen bereiteten uns ihre Grobmotorik und ihr Gleichgewichtssinn.

In ihren ersten beiden Lebensjahren schrie sie in den Nächten oft fürchterlich und wurde sehr oft wach. Sie war körperlich schlapp, hatte propriozeptive Schwierigkeiten und ging eher taumelnd. Sie litt unter psychosomatischen Beschwerden, hatte monatelang Fieber und viele Infekte.

Unter diesem Leidensdruck habe ich mich an unseren Kinderarzt gewandt, der mich auf eine mögliche Hochsensibilität aufmerksam machte.

Woran machst Du die Hochsensiblilität Deiner Tocher fest?

Sie ist in starkem Maße an grundlegenden Fragen des Lebens und Sterbens interessiert. Sie denkt viel über Gott, eine mögliche Auferstehung oder die Seele nach und stellt Fragen hierzu. Schon im Alter von 3-5 Jahren gab sie sich mit ablenkenden Erklärungen nicht zufrieden, sondern wollte den Dingen auf den Grund gehen.

Sie hat einen gutes Gespür dafür, ob Menschen wohlgesonnen sind oder nicht. Stimmungen anderer erkennt sie, oftmals erahnt sie Dinge, die wir Erwachsenen eigentlich erst später sagen wollten („wollt Ihr heute Abend noch einmal weg?"). Sie überrascht immer wieder mit Verknüpfungen („Mama, der Mann redet grau, den mag ich nicht").

Unsere Tochter erträgt es kaum, wenn ihr oder anderen Unrecht geschieht. Wenn sie sich falschen Anschuldigungen ausgesetzt sieht, heult sie bis zum Zusammenbruch. Wenn es auf dem Spielplatz eine Rauferei unter Jungs gibt, beschäftigt sie diese noch lange später. „Warum hat der Junge den anderen geschlagen", ist dann eine Frage, die tagelang gestellt wird.

Sie hat ein sehr starkes Bedürfnis, von anderen akzeptiert zu werden und versucht immer wieder, wie die anderen zu sein. Das gelingt ihr oft nicht. In Gruppen ist sie meist eine Außenseiterin.

Mittlerweile schläft sie durch. Früher hat sie oft, von Wachheit getrieben und trotz körperlicher Müdigkeit, über Stunden sitzend verbracht, um wahrgenommene Eindrücke des Tages irgendwie für sich zu ordnen. Überhaupt war und ist sie häufig „außerhalb ihres Körpers unterwegs", was sie unter anderem durch erhöhte körperliche Aktivität und motorische Unruhe ausdrückt.

Sie neigt dazu, sich traurigen Gedankengängen hinzugeben. Wenn etwas negatives passiert ist, wenn sie einen Menschen oder ein Tier vermisst, kann sie darüber stundenlang weinen. Sie sucht Gespräche über ernste und traurige Inhalte.

Sie ist sehr achtsam. Sie beobachtet ihr Umfeld sehr genau und kümmert sich um die Belange anderer. Wenn ihre Schwester zu kurz kommt, bringt sie ihr ein Spielzeug, wenn ein Erwachsener gestresst oder in sonstiger Weise belastet wirkt, geht sie auf ihn zu und versucht ihm zu helfen. Sie fühlt sich oft für die Geschehnisse verantwortlich.

Unsere Tochter ist äußerst gutgläubig. Sie hat eine reine Seele und nimmt die Aussagen anderer arglos auf.

Sie isst phasenhaft unterschiedlich gerne süße und salzige Speisen. Ich erkenne jedoch eine klare Tendenz zu Süßem. Insgesamt erlebe ich sie als sehr wählerisch. Konsistenz und Temperatur der Mahlzeiten sind äußerst wichtig für sie. Sie mag gerne nicht vermengte, kalte Speisen. Sie nimmt nur ausgewählte Gemüsesorten zu sich und isst nichts „Matschiges“ wie Salat. Das Essen dauert oft sehr lange, weil sie zwischendurch immer wieder abgelenkt ist, träumt und darüber die Nahrung vergisst.

Sie wäscht sich gerne mit kaltem Wasser die Hände, ist sehr empfindlich hinsichtlich höherer Temperaturen an ihrem Körper (Badewasser) und sehr schmerzempfindsam (Haarebürsten, stärkere Berührungen etc.). Allergisch scheint sie nicht zu sein, wenngleich ihre Haut schnell mit Rötung reagiert bei äußeren Reizen (Sonne, Temperaturen, Reibung, Druck) und sehr „transparent“ wirkt.

Welche Aspekte ihrer Hochsensibilität sind Dir eine Freude?

Ich freue mich sehr darüber, dass sie so ein sensibles, vielschichtiges und tiefsinniges Kind ist. Sie begeistert mich mit ihren Gedanken. Oft denke ich nur „wow“, was für tolle Fragen oder Antworten sie von sich gibt, was für phantastische Problemlösungen sie vorschlägt. Als sie im Kindergarten von einem Mädchen gehänselt wurde, kam sie von sich aus auf die Idee, sich einen kleinen Schutzengel mitzunehmen. Damit „bewaffnet“, fragte sie das Mädchen, ob diese sie künftig nicht mehr hänseln wolle. Das Mädchen bejahte dies, unsere Tochter kam strahlend heim. Damals war sie gerade fünf Jahre alt geworden.

Ich freue mich über ihren unstillbaren Wissensdurst, ihr Interesse an der Welt und ihre Offenheit für die Natur. Und dass sie so aufmerksam und achtsam ist.

Welche Aspekte ihrer Hochsensibilität sind eine Herausforderung?

Die Herausforderungen ergeben sich aus den oben genannten Besonderheiten. Unsere Tochter hat vermutlich noch einen steinigen Weg vor sich. Sie wird lernen müsssen, sich mit ihren Besonderheiten auch als Jugendliche/junge Erwachsene anzunehmen. Es wird auch eine Herausforderung sein, dass sie ihr offenes Wesen behält und nicht von weltlichen Dingen und Gepflogenheiten zurecht gestutzt wird.

Aktuell ist es vor allem eine Herausforderung, sie nach Überreizungen wieder „herunter“ zu holen. Wenn sie mit übermäßig vielen Eindrücken konfrontiert wurde - etwa auf einer größeren Geburtstagsfeier - schläft sie noch einige Tage später schlecht oder wird krank. Sie hat dann ein großes Ruhebedürfnis.

Welche Möglichkeiten siehst Du, den Herausforderungen zu begegnen?

Insbesondere in den ersten Lebensjahren verfolgten wir einen strikten Plan hinsichtlich ihrer Ruhezeiten, so dass sie mittags für einige Stunden schlief, wenn es ihr gelang, zur Ruhe zu kommen. Eine reizarme, harmonische Umgebung, wenig Konfrontation mit unvorbereiteten Situationen und Aktivitäten, ausreichend Zeit für sich alleine, ruhige Musik, Basteln, Malen und Aufenthalte in der Natur brachten und bringen ihr erfahrungsgemäß Sicherheit und Ausgleich.

Unseren bisherigen Weg habe ich als sehr holprig erlebt. Um den Ansprüchen der Kinder und meinen als Mutter und Frau gerecht zu werden, war häufig nicht ausreichend Energie vorhanden. Durch den Kontakt zu Menschen, deren Persönlichkeit und Profession uns auf unserem Familien-Weg sehr geholfen haben, konnte ich zum passenden Zeitpunkt erneut erfahren, dass Veränderungen möglich und nötig sind. Mittlerweile ist die Hochsensibilität zu einem großen Thema geworden.

Nachdem wir die Hochsensibilität erkannten, wechselten wir seinerzeit den Kindergarten. Wir verließen eine Kita mit offenem Konzept und 80 Kindern, die sich ihre Aktivitäten in der Gruppe nach eigener Neigung täglich neu suchten. Unsere Tochter gaben wir stattdessen in einen kirchlichen Kindergarten mit 20 Kindern, festen Ritualen, einer hohen Gruppenidentifikation und wesentlich mehr Ruhe.

Wir suchten und suchen Elterngespräche, um Kindergarten und Schule zu sensibilisieren. Hierbei versuchen wir, einer Stigmatisierung vorzubeugen und die richtige Balance zwischen unseren Eindrücken von unserer Tochter und einem unvoreingenommenen offenen Kennenlernen seitens der Erzieher und Lehrer hinzubekommen.

Auch heute noch räumen wir unserer Tochter Ruhephasen ein. Sie braucht zwar keinen Mittagsschlaf mehr, wir erleben sie dennoch als ausgeglichener, wenn sie mittags oder nachmittags für eine Stunde allein in ihrem Zimmer gespielt oder gelesen hat.

Oft besprechen wir unbekannte, neue Situationen mit ihr im Voraus. So kann sie diese antizipieren und sich darauf einstellen.

Wir haben in unseren Alltag viele Rituale eingebaut. Viele Abläufe folgen einem wiederkehrenden Muster, seien es die Art und Weise des Abendessens oder der regelmäßige Badetag. Abends nehmen wir uns Zeit für sie alleine und reden noch einmal über den abgelaufenen Tag.

Im Übrigen versuchen wir, uns immer wieder in Geduld zu üben. Wenn sie Tagträumen nachhängt oder eine gefühlte Ewigkeit für ihr Mittagessen braucht, regulieren wir unsere Eile und versuchen, ihr die erforderliche Zeit zu geben.

Welche Erkenntnisse und Erfahrungen möchtest Du mit anderen Eltern hochsensibler Kinder teilen?

Hochsensible Kinder sind ein wunderbares Geschenk!

Wie heißt Du?

Dorothee

Was möchtest Du zu Deiner Person erzählen?

Ich bin mittlerweile 50 Jahre alt und Mutter von sieben Kindern im Alter von sieben bis dreißig Jahren. Vier meiner Kinder sind in unterschiedlichen Ausprägungen ebenfalls hochsensibel.

Im Jahr 2001 habe ich mich von meinem damaligen Ehemann getrennt und den älteren Kindern überlassen, bei wem von uns sie leben möchten. Die jüngeren Kinder sind mit mir gegangen. 2003 wurde die Ehe geschieden. Nach und nach haben dann alle Kinder wieder bei mir gelebt, bis sie für Studium und Ausbildung das Haus verließen.

Vor der Trennung habe ich einen Mann kennengelernt, mit dem ich dann mehrere Jahre liiert war und auch später zusammengelebt habe. Aus dieser Beziehung kommt mein jüngster Sohn. Wir haben uns jedoch noch in der Schwangerschaft getrennt. Leider haben Vater und Sohn gar keinen Kontakt.

Von Beruf bin ich Heilpädagogin. Ich arbeite als Vollzeitkraft in einer Wohngruppe, in der Menschen mit einem Unterbringungsbeschluss leben. Zum Teil geistig mehrfach behindert, Autisten, aber auch Patienten mit Borderline-Syndrom, narzistische Persönlichkeiten und Menschen mit dissoziativen Identitätsstörungen. Bei allen liegt die Gefahr von selbst- und fremdverletzendem Verhalten vor.

Im letzten Sommer ist mein zweitjüngster Sohn ausgezogen. Ich lebe also mit meinem Nesthäkchen alleine, habe aber einen sehr liebevollen Kontakt zu all meinen Kindern und bin bereits vierfache Großmutter.

In der wenigen freien Zeit die mir verbleibt, mache ich viel Handarbeiten. Ich nähe, stricke, bastele, entwerfe viele meiner Modelle selbst. Ich fotografiere wahnsinnig gerne. Und ich bin sehr gerne in der Natur, am allerliebsten am Meer. Außerdem fahre ich sehr viel mit dem Fahrrad.

Bis mein jüngster Sohn auf die Welt kam, habe ich ehrenamtlich im ambulanten Hospizdienst gearbeitet und Menschen auf dem letzten Stück ihres Weges begleitet. Eine sehr schöne Aufgabe, die ich auch vermisse. Nur lässt sich zur Zeit eine Wiederaufnahme meiner Tätigkeit dort nicht realisieren

Zu der Arbeit im Hospizdienst bin ich gekommen, nachdem meine Großmutter von 2002 bis 2005 bis zu ihrem Tode bei uns gelebt hat. Auf diesem Wege konnte ich meine Trauer verarbeiten und habe eine ungeheuer erfüllende Aufgabe gefunden, die im krassen Gegensatz zu meiner Arbeit steht. Hier muss ja immer alles im Eilschritt erledigt werden.

Wie kamst Du darauf, dass Du hochsensibel sein könntest?

Auf das Thema Hochsensibilität bin ich durch meinen kleinen Sohn gekommen. Aufgrund seines Leidensdrucks habe ich mich auf die Suche gemacht. Er ist sehr kreativ und es schien mir selbst in der Schwangerschaft schon so, dass er ganz besonders feine Antennen hat und auf geringste Veränderungen, Belastungen und Beeinflussungen in seinem Umfeld reagiert.

Wenn ihm alles zu viel wird, reagiert er vielfach mit Kopfschmerzen oder Impulsausbrüchen, oder auch spontanem Fieber und Erbrechen. Auffällig sind auch die häufig wiederkehrenden Infekte der Nasennebenhöhlen. Dies war bereits als Kleinkind so und zog sich später durch die Kindergartenzeit.

Er ist ungeheuer wach und wissbegierig, malt und baut, lernt Texte und Lieder blitzschnell und anhaltend auswendig. Er plant und fesselt andere Kinder mit seinen Ideen. Im Kindergarten wurde gesagt, dass einige Kinder durch ihn erst das Spielen gelernt hätten.

Ich hatte ein Gespräch mit einer ehemaligen Klientin. Wir sprachen darüber, was ich meinem Sohn noch Gutes tun könnte. Dabei erzählte sie von Hochsensibilität und Hochbegabung. Ich speicherte mir ein Buch zu dem Thema ab, welches ich mir bestellen wollte, wenn ein bisschen Luft zum Lesen ist. Noch bevor ich hierzu kam, schrieb ich mit einem Freund, dessen Sohn ein Asperger Syndrom hat. Er berichtete von Parallelen zwischen Hochsensibilität und Asperger. Kurze Zeit später fand ich dann den Link zum Hochsensibel-Test im Internet.

Ich habe den Test gleich gemacht und anschließend im Gästebuch gelesen.

Ich war fassungslos. Auf einmal gab es da einen Erklärungsansatz für mich selbst, mein eigenes Leben und Erleben. Ich hatte ja nicht nach Erklärungen gesucht, denn das ich anders als viele Menschen bin, ist mir schon seit Kindertagen bewusst. Aber mit einem Mal habe ich mich nicht mehr als „Alien“ und total fremd auf dieser Welt gefühlt. Nicht mehr wie bestellt und nicht abgeholt. Es gibt also noch viel mehr Menschen, denen es genauso geht wie mir!

Woran machst Du Deine Hochsensibilität fest?

Der Lärmpegel großer Veranstaltungen ist für mich extrem anstrengend. Manchmal lässt sich eine Teilnahme ja nicht vermeiden und dann passiert es, dass ich abdrifte, um durchzuatmen.

Ähnlich geht es mir, wenn ich etwas lesen oder schreiben möchte. Ich kann meine Umgebung nicht ausblenden. Immer wieder bin ich durch Geräusche und Gerüche so abgelenkt, dass ich aufstehen muss, mich ein Weilchen bewegen und dann weiter arbeiten kann. Nachts wiederum geht mir vieles viel leichter von der Hand. Es kommen ja kaum Störungen von außen, sodass ich dann auch in der Lage bin, mehrere Stunden am Stück konzentriert zu arbeiten. Die Hochsensibilität hat im Laufe der Jahre einen nachtaktiven Menschen aus mir gemacht.

Ein weiterer Punkt ist das Einkaufen. Ich bin total schnell genervt und fühle mich von der Vielfalt des Angebotes, dem Licht und der Werbung völlig erschlagen. Die Menschen, das Gedränge, der Lärm und das Gedudel der Kaufhausmusik bedeuten Stress für mich. Ich werde unruhig, habe eine höhere Pulsfrequenz und atme viel flacher als gewöhnlich. Viele Einkäufe tätige ich über das Internet. Einen „Stadtbummel“ kann ich nur selten ertragen.

Der nächste Punkt betrifft meinen Geruchssinn. Beispielsweise verursacht der Geruch von Chlor bei mir Übelkeit. In den Schwangerschaften hat sich das noch verstärkt und bis zum Erbrechen geführt. Ähnlich geht es mir mit dem losen Fleisch an den Fleischtheken. Dies hat dazu geführt, dass ich bis auf wenige Ausnahmen im Jahr gar kein Fleisch mehr kaufe oder esse und mich mittlerweile weitestgehend vegan ernähre.

Halte ich mich an Plätzen auf, an denen stärker geraucht wird, vermehrt Staub, Holzschutzmittel, Farben, Lacke, Klebstofffausdünstungen oder Schimmelsporen in der Luft sind, reagiert mein Körper sofort darauf. Die Nasennebenhöhlen entzünden sich und meine Haut beginnt zu jucken und zu brennen. Der HNO-Arzt hat schon umfassende Allergietests durchgeführt, konnte mir jedoch „nur“ eine Überempfindlichkeit attestieren.

Andererseits nehme ich Düfte und angenehme Gerüche in einer Intensität wahr, dass sie mich wohlig einhüllen. Wenn ich beispielsweise im Frühsommer am Meer bin und die Luft nach Salz, Jod und den wilden Rosen duftet, kann ich mich daran regelrecht betrinken. Diese Komposition löst ein unglaubliches Glücksgefühl in mir aus.

Ich spüre bei meinen Gesprächspartnern ganz schnell, ob sie authentisch sind. Manchmal kommen mir meine Gedankengänge sehr arrogant vor. Irgendwie waren und sind mir meine Zeit und mein Leben viel zu kostbar, um sie mit „Geschluder“ über andere, Genörgel oder „BlaBla“ zu vergeuden. Heute gibt es einen sehr überschaubaren Kreis von Menschen, den ich schätze und liebe. Sie sind ganz unterschiedlich, aber eine hohe Sensibilität zeichnet allesamt aus.

Was meine hohe Sensibilität weiterhin ausmacht, ist das starke Gespür für die Stimmungen anderer. Regelmäßig geht es mir in Team-Gesprächen oder Supervisionen so, dass ich Unausgesprochenes förmlich spüre und aussprechen möchte und es bisweilen auch tue. Es fällt mir schwer, mich davon zu distanzieren, auch wenn ich nicht persönlich betroffen bin. Herzrasen, eine aufsteigende Röte, Schweißausbrüche und eine starke Anspannung besonders der Kopf - und Nackenmuskulatur sind die Folge.

Die gleichen körperlichen Symptome habe ich, wenn ich beispielsweise einen Vortrag halten muss oder eine Prüfung vor mir liegt. Egal, wie perfekt ich auch vorbereitet bin und wie sicher ich eigentlich sein könnte.

Als Kind bin ich jedes Mal, wenn meine Großeltern zu Besuch kommen wollten, vor unbändiger Freude und Aufregung ganz krank geworden. Fieber, starker Husten ohne jeglichen Infekt bis hin zum Erbrechen waren die normale Reaktion.

In Einzelkontakten ist davon jedoch nichts zu spüren. Durch meine ausgeprägte Empathie suchen viele Kollegen und auch Klienten das Gespräch mit mir, wenn sie in Nöten sind. Auch Fremden gegenüber scheine ich etwas auszustrahlen, dass sie Herz und Mund öffnen lässt. Allerdings ist es mir dadurch in der Vergangenheit auch schon oft passiert, dass ich dann nicht nur zuhören sondern auch helfen wollte. Ich wurde so „benutzt“ und meine Arglosigkeit ausgenutzt.

Ein Aspekt meiner Hochsensibilität betrifft die taktile Wahrnehmung. Es ist mir kaum möglich, Kleidung aus künstlichen Fasern zu tragen. Nur wenige Faserarten lösen keinen Juckreiz auf der Haut aus.

Meine besondere Sensibilität stelle ich auch hinsichtlich Naturstimmungen, Lyrik und Bildern fest. Es gibt Werke und Momente, die mich zutiefst berühren. Manchmal ist es ein ganzes Lied oder nur ein Akkord, ein paar Worte, ein Gedicht oder eine Farbkomposition, die mich erschauern lässt oder so ergreift, dass ich weinen muss. Genauso passiert es mir, dass ich ein unendliches Glücksgefühl und eine Dankbarkeit in mir spüre, ein Teil dieses großen Ganzen zu sein. Dann habe ich oft das Gefühl, mit meinen besonderen Gaben so reich beschenkt worden zu sein, dass alles andere in den Hintergrund tritt und völlig irrelevant wird.

Über welche Aspekte Deiner Hochsensibilität freust Du Dich?

Sehr dankbar bin ich für das Einfühlungsvermögen in andere Menschen und die Fähigkeit, Stimmungen innerhalb der Gruppe (insbesondere an meinem Arbeitsplatz) schon in ihrem Entstehungsprozess erspüren zu können.

Ebenso freue ich mich über das Erspüren der Bedürfnisse der Klienten nach Nähe, Halt oder auch Distanz. Als ich vor 12 Jahren in dem beschriebenen Bereich angefangen habe zu arbeiten, traute ich meiner Intuition noch nicht über den Weg. Ich war anfangs auch noch sehr unsicher. Aber viele Erfahrungen haben mich gelehrt, dass ich mich darauf verlassen kann. So lasse ich mich ganz darauf ein, mit den Klienten mitzufühlen - ihr Leid, ihren Schmerz, ihren Zorn, ihre Angst - ohne dabei selbst von diesem Gefühl überwältigt zu werden. Anfänglich hat mir diese große Nähe ein bisschen Angst gemacht.

Aber dadurch, dass ich zwar mitfühlen kann, emotional aber nicht beteiligt bin, kann ich dann hilfreich sein, Entwicklungsprozesse begleiten und gut unterstützen. Und das erfüllt mich und bereitet mir eine große Freude, selbst wenn diese Prozesse auch sehr anstrengend sein können.

Vor ein paar Jahren habe ich im Rahmen meiner Hospizarbeit Weiterbildungen zum Thema „Heilsame Berührungen“ in Anlehnung an die Rhythmischen Einreibungen nach Ita Wegman gemacht. Hier kommt mir die Sensitivität meiner Hände zugute. Mit ihrer Hilfe und dem Wissen kann ich gezielt auf Angstzustände oder Anspannung einwirken oder auch einfach nur einmal gut tun und zur Ruhe finden lassen. Und auch das bereitet mir große Freude.

Welche Aspekte Deiner Hochsensibilität sind eine Herausforderung?

Zum einen ist es die Konzentration, die so viel Kraft kostet, wie zum Beispiel gerade jetzt beim Beantworten der Fragen des Interviews. Immer wieder werde ich durch die Straßengeräusche oder die knarrenden Bodendielen in der Wohnung über mir aus meinen Gedanken heraus gerissen.

Ganz genauso ist es im Tagesdienst am Arbeitsplatz, wo ich dokumentieren muss und schriftliche Planungen anfertige. Hier sind permanent irgendwelche Geräusche, die weggefiltert werden müssen, damit ich mich auf den Inhalt konzentrieren kann. Manchmal gelingt es mir, das zu tolerieren. Manchmal ärgere ich mich doch über mich selbst oder auch über die anderen, die diese Lärm- und Geräuschquellen produzieren.

Eine weitere große Herausforderung bezüglich meiner Hochsensibilität liegt für mich in meinem Verhalten in Partnerschaften. Ich weiß, dass ich viele Jahre permanent über meine eigenen Grenzen gegangen bin und mich kaum noch selbst gespürt habe. Meistens habe ich dann mit starken Rückzugstendenzen reagiert oder war beleidigt und wurde ungerecht. Die Männer in meinem Leben waren mit meinem Verhalten überfordert und Trennungen damit vorprogrammiert.

Seit ein paar Jahren lebe ich ohne eine Partnerschaft, um erst einmal selbst zu schauen, was wirklich wichtig für mich ist, was mir gut tut und was ich brauche. Ich möchte nicht wieder in so einen Strudel geraten und durch mein Verhalten mir und/oder meinem Partner nicht gerecht werden und ihn verletzen.

Schwierig finde ich es auch, dass ich fortwährend auf mich Acht geben muss. Darauf, dass ich mich abgrenze und nicht aufgrund der hohen Empathie ständig überall mitschwinge. Da habe ich zwar in meiner Ausbildung zur Heilpädagogin gutes Handwerkszeug mitbekommen, trotzdem darf die persönliche Fürsorge nie zu kurz kommen. Im Berufsalltag fällt mir dies leichter als im Privaten.

Was könntest du tun, um mit den negativen Seiten Deiner Hochsensibilität besser umzugehen?

Dem Bereich des Unwohlseins vor großen Menschenansammlungen, dem Lärm und Gedränge habe ich mich auf behutsame Weise genähert. Mit Zeit, Geduld mit mir selbst und einer guten Freundin.

Bis zum Jahr 1994 habe ich noch nie eine größere Veranstaltung besucht. Dann hat Herman van Veen, dessen Musik mich schon seit den späten 70iger Jahren begleitet, ein Konzert in Flensburg gegeben. Ich wusste, dass es bei der Veranstaltung nur eine begrenzte Anzahl von Sitzplätzen geben würde. Also habe ich allen Mut zusammen genommen und bin gemeinsam mit einer Bekannten zu dem Konzert gefahren. Beim Einlass habe ich mich noch sehr mulmig gefühlt und wäre gerne wieder umgekehrt. Die Hände hatten sich zwar an der Sitzfläche festgeklammert, aber als die ersten Töne von Geige, Saxophon und Klavier erklangen, konnte ich tief atmen, mich zurücklehnen und auf dieses neue Abenteuer einlassen. So saß ich dann da und die Wirkung der Musik war noch intensiver als aus der „Konserve". Ich hatte zeitweise eine Gänsehaut, habe geweint und auch gelacht. Danach bin ich nach Hause gefahren und hatte das Gefühl, reich beschenkt worden zu sein. Welch eine Erfahrung! Dieses Erlebnis hatte meinen Akku aufgeladen.

Seitdem habe ich in unregelmäßigen Abständen immer wieder einmal ein Konzert besucht. Allerdings immer mit meiner besten Freundin, in einem überschaubaren Rahmen mit nie mehr als 300 Zuschauern und anfangs in Sälen mit Sitzplätzen.

Ich habe mir angewöhnt zu warten, bis die meisten Zuschauer hinausgeströmt sind, damit ich die bedrückenden Situationen vermeide, durch die die positive Wirkung der Musik gleich wieder verdrängt werden würde.

Ähnlich versuche ich es bei anderen Veranstaltungen beispielsweise von Schule, Kirche oder Kindergarten, bei denen eine Teilnahme wichtig ist. Ich richte es mir immer so ein, dass ich früh genug da bin, um in Ruhe einen Platz finden zu können. Hier bleibe ich zumeist, bis sich alles wieder aufgelöst hat. Manchmal ist es dann ganz hilfreich, wenn ich beim Abbauen oder Aufräumen helfe. Dann konzentriere ich mich auf die Aufgabe und fühle mich von dem „Drumherum“ nicht so erschlagen.

Welche Erkenntnisse und Erfahrungen möchtest Du mit anderen Hochsensiblen teilen?

Im Laufe der Jahre habe ich mich vom Materiellen immer weiter entfernt. So hat sich mein Blick für das Wesentliche im Leben geschärft. Parallel dazu hat sich die Nähe zu einer natürlichen, ursprünglichen Lebensweise entwickelt. Ich versuche so umweltbewusst wie möglich zu leben.

Ich ernähre mich mit Lebensmitteln, die so wenig wie möglich „bearbeitet“ sind, was bei mir zu einem noch größeren Wohlbefinden geführt hat.

Das Leben auf dem Land ist mir wesentlich besser bekommen, als das Leben in der Stadt. Seitdem ich in der Stadt lebe, muss ich noch viel bewusster für mich sorgen, damit es mir gut geht.

Das Reiten und Fahrrad fahren, generell die Bewegung in der Natur mit möglichst wenig „Störfaktoren“ sind eine unheimliche Hilfe, um Kraft zu schöpfen, damit der Alltag bewältigt werden kann. Ebenso habe ich seit ein paar Jahren das Kundalini Yoga für mich entdeckt, das mir sehr gut tut. Das bewusste Atmen und die Konzentration auf mich selbst helfen mir, für mich schwierige Situationen besser auszuhalten.

Ebenso ist es mit dem Musizieren und dem Singen.

Wichtig ist mir auch ein gut strukturierter Alltag mit wiederkehrenden Ritualen, damit es von dieser Seite her schon einmal Sicherheit gibt.

Mir ist bewusst, dass ich auf der einen Seite ganz vieles besonders intensiv wahrnehmen kann. Ebenso weiß ich auf der anderen Seite, dass ich für manches mehr Zeit benötige als andere Menschen, damit ich Reize verarbeiten kann. Das hat mir früher oft das Gefühl gegeben, nicht richtig zu funktionieren, sondern von der Norm abzuweichen. Heute weiß ich, dass beides untrennbar voneinander zu mir gehört und ich mag mich so, wie ich bin.

Niemand sagt mir mehr: „Nun stell dich mal nicht so an und mach doch deine Augen auf!“, wenn ein Foto gemacht werden soll und ich in das Sonnenlicht blicken müsste, das mir Schmerzen verursacht. Heute lasse ich die Augen einfach geschlossen und genieße die wärmenden Sonnenstrahlen.

Seit 8 Jahren verzichte ich ganz bewusst auf einen Fernseher in meinem Haushalt. Auch wenn das Gerät nicht ständig lief, fand ich es teilweise doch sehr anstrengend, den vielen, schnell aufeinander folgenden Bildern zuzuschauen. Ich kann nur sagen, dass es mir sehr gut tut. Möchte ich wirklich einmal eine Sendung oder einen Film schauen, mache ich das über Internet oder per DVD. Ich stelle mich dann ganz bewusst diesem visuellen Abenteuer und auch nur, wenn ich dafür aufnahmebereit bin.

Wie heißt Du?

Marie

Was möchtest Du zu Deiner Person erzählen?

Ich bin 50 Jahre alt, Dipl. Betriebswirtin (FH) und arbeite als kaufmännische Angestellte in der Immobilienbranche in einer deutschen Großstadt. Seit 26 Jahren bin ich verheiratet. Meine Tochter ist erwachsen, sie lebt ihr eigenes Leben. Aber wir halten viel Kontakt und gehen auch gemeinsam zum Sport.

Ich lese gerne und viel, male Ölbilder, treibe Sport und gehe im Urlaub sehr gerne im Hochgebirge wandern.

Ich bin ein sehr direkter Mensch, der mit seinen unverblümten Worten oft aneckt. Warum darf man nicht mit klaren Worten die Wahrheit sagen? Diplomatie gehört nun mal nicht zu meinen Stärken. Im Laufe des Lebens habe ich aber gelernt, dass es manchmal besser ist, den Mund zu halten. Ich bin ausgesprochen zuverlässig und ehrlich und kann es überhaupt nicht leiden, wenn anderen Leuten in meinem unmittelbaren Umfeld (Familie, Freunden oder Arbeitskollegen) Unrecht angetan wird. Mein Gerechtigkeitssinn ist sehr ausgeprägt. Ich bin Sternbild „Löwe“ - also ein Feuerzeichen - und im Chinesischen ein „Drache“. Temperamentvoll, lebensfroh aber auch dickköpfig. Ich lasse mir ungerne vorschreiben, was ich zu tun oder zu lassen habe. Dafür bin ich viel zu selbstständig und habe einen eigenen Kopf zum Denken. Ich mag keine Veränderungen, weil diese Stress bedeuten.

Wie kamst Du darauf, dass Du hochsensibel sein könntest?

Dass ich „anders“ bin, war mir schon lange bewusst. Ich war immer ein Einzelgänger. Damals als Kind und Jugendliche war ich sehr schüchtern. Schon als Kind habe ich die Bibliothek hoch und runter gelesen, stundenlang gemalt oder Musik gehört. Ich war so gut wie nie in einer Disco. Lernen fiel mir schon immer leicht und so brauchte ich für die Schule nicht viel zu tun. Ich habe sowohl die Schule als auch die Lehre mit 1,0 abgeschlossen und dann mein Studium begonnen. Auch dort war ich lieber für mich alleine. Dies zieht sich durch mein ganzes Leben.

Nachdem ich in meinem bunten Arbeitsleben zweimal Mobbingopfer war und im Anschluss in einen Burnout sowie eine Depression schlitterte, habe ich mir immer öfter die Frage gestellt, warum ich so angreifbar, sensibel und harmoniesüchtig bin. Da ich aus diesem „schwarzen Loch“ nicht mehr alleine heraus kam, habe ich mir Hilfe gesucht. Meine Gesprächstherapie bei einem Psychologen hat mir sehr geholfen. Man selbst sieht ja irgendwann den Wald vor lauter Bäumen nicht mehr. Es tat gut, einen anderen Blickwinkel aufgezeigt zu bekommen. Ich habe mich teilweise sehr gewandelt und mir ging es besser als je zuvor. Und dann kam der Tag, an dem ich in einer Onlinezeitung einen Artikel gelesen habe unter der Überschrift „Wir sind nicht verrückt, wir sind hochsensibel“. Als ich das gelesen hatte und die Berichte einiger betroffener Personen, da platzte der Knoten im Kopf und ich dachte bei mir: „...die beschreiben ja dich, meine Güte, dass ist es, die sind ja so wie du...“. Dann ging die Recherche richtig los.

Woran machst Du Deine Hochsensibilität fest?

Einer Freundin würde ich vereinfacht sagen, dass ich viel besser und intensiver rieche, höre und erfasse, was um mich herum passiert. Dass mich Lärm krank macht, einerlei ob laute Musik, Gerede von vielen Menschen oder Umweltgeräusche. Dass ich alles, was an täglichen Sinneseindrücken auf mich einprasselt, nicht filtern und „abprallen“ lassen kann. Und dass mein Gehirn dann einfach „abschaltet“, auf Durchzug stellt und ich dann weder zuhören noch mich auf etwas konzentrieren kann. Bildlich dargestellt, ist es wie eine Jalousie, die dann runter geht. Keiner bekommt die mehr hoch, selbst ich nicht. Erst wenn ich viel Ruhe und Schlaf hatte, geht die Jalousie wieder hoch und ich bin „wieder da“.

Da ich keinen Vergleich habe, wie andere Sensible wahrnehmen, kann ich nicht wirklich sagen, ob ich im Gegenzug besonders ausgeprägte Fähigkeiten und Empfindungen habe. Im Gegensatz zu Nichtsensiblen merke ich natürlich schon feinste Stimmungsunterschiede bei anderen Menschen. Ich weiß, ob mir mein Gegenüber gut tut oder nicht. Ich habe oft das Gefühl, dass ich schon vorher ahne, was passiert. Damit meine ich jetzt keine bösen Vorahnungen oder dergleichen, sondern nur, dass ich dann hinterher sage „habe ich es doch gewusst, dass das so passiert oder dass derjenige so reagiert.“ Das mag einfach nur Lebenserfahrung sein oder ich nehme so etwas wie „Schwingungen“ wahr. Wenn es solche denn gibt. Ich weiß nicht, wie ich es anders beschreiben sollte.

Ich glaube, dass in einer spezifischen Situation jeder erkennen würde, wenn mir etwas nicht passt. Wenn ich anderer Meinung bin, oder wenn ich mich persönlich angegriffen und beleidigt fühle. Ich habe kein „Pokergesicht“.

Mein Mann sagt immer, dass man mir ansieht, was ich gerade denke. Allerdings würde ein Fremder nicht erkennen können, dass ich sensibel bin. Das kann ich bestens verbergen.

Über welche Aspekte Deiner Hochsensibilität freust Du Dich?

Für mich ist die Hochsensibilität nur Fluch, kein Segen. Es sind mir deshalb so viele Dinge verwehrt, die ich machen möchte, aber einfach nicht ertragen kann oder dann hinterher völlig erschöpft oder sogar krank bin. Ich leide darunter, dass mein Mann und andere immer auf mich Rücksicht nehmen müssen und leide darunter, dass ich sozusagen das „Hindernis“ bin, andere meinetwegen zurück stecken. Das ist mir unangenehm. Auch diese ständigen Grübeleien, die überschäumende Fantasie, was könnte passieren, was mache ich, wenn dies oder jenen eintritt… Ich will das alles nicht, kann es aber nicht ändern. Als einzig Positivem kann ich der Hochsensibilität abgewinnen, dass ich gelernt habe, auf mein Bauchgefühl zu hören, wenn es um Entscheidungen geht. Diese werden quasi auf einer anderen Ebene getroffen, mehr erfühlt als sachlich entschieden.

Siehst Du für Dich Möglichkeiten, die Aspekte die Dir eine Freude sind im Alltag noch häufiger hervortreten zu lassen?

Mein Alltag ist ausgefüllt mit Arbeit, Sport und viel Schlaf zur Erholung. Die Wochenenden sind zum Erholen da. Ich muss nicht ständig auf Achse sein. Seit der Gesprächstherapie bin ich allerdings viel offener geworden, viel freier. Wenn ich etwas machen möchte, was mir gut tut, mache ich das nun auch. Ein Freigeist war ich schon immer. Im Berufsleben muss man sich unterordnen. Privat wird gemeinsam entschieden, bei Dingen die mich persönlich betreffen, entscheide ich selbst. Ich lese wann ich will, ich gehe schlafen wann ich will, ich besuche einen Malkurs, wenn ich das will, ich höre Musik wann ich will, ich faulenze, wenn ich das will, ich fahre auch alleine in ein Wellnesswochenende. Mein aktueller Job macht mir keinen Spaß mehr. Ich bin gefrustet und muss schon seit über 4 Jahren die Launen meiner Chefin ertragen. Weil ich das nun nicht mehr will, habe ich mir einen neuen Job gesucht. Ich habe lange gesucht und mein Bauchgefühl sagt mir, dass es diesmal passt.

Welche Aspekte Deiner Hochsensibilität sind eine Herausforderung?

Generell kann ich mit Stress und zu vielen Eindrücken von außen schlecht umgehen. Wenn ich zu viele Dinge gleichzeitig machen muss, was meist beruflich der Fall ist, dann fällt es mir ausgesprochen schwer, mich nur auf eine einzelne Sache zu konzentrieren. Ich arbeite dann noch schneller als sowieso schon und bin im Anschluss völlig geschafft. Den Umgang mit anderen Menschen halte ich in Grenzen. Sicherlich gibt es im Büro immer mal das eine oder andere Schwätzchen. Geredet wird dann unverbindlich über alles Mögliche, auch einmal über die Familie. Ansonsten halte ich mich aber mit privaten Informationen sehr zurück. Ich will nicht mehr angreifbar sein. Ich bin auch bei keinem sozialen Netzwerk angemeldet. Zum einen ist mir das zu anstrengend. Außerdem hat es keinen Fremden etwas anzugehen, was ich tue oder nicht tue oder wer ich bin und was ich mag oder nicht.

Was könntest Du tun, um mit den negativen Seiten Deiner Hochsensibilität besser umzugehen?

Ich habe zwar nicht resigniert, aber ich kann meine Hochsensibilität nun mal nicht ändern. Ich kann nur meine Einstellung dazu ändern. Einer von den vielen online-Tests hat die Auswertung gebracht, dass ich nicht versuchen solle, wie ein nicht-hochsensibler Mensch leben zu wollen. Das ginge „nach hinten los“. Dies habe ich schon mein ganzes Leben erfahren müssen und trotzdem versuche ich es immer wieder. Und immer wieder gibt es Frust, weil ich ja eigentlich schon vorher wusste, dass ich das nicht verkrafte. Es klappt aber ganz gut, dass ich mir mit meinem Mann zusammen einzelne Ziele oder Unternehmungen aussuche, bei denen es etwas zu erleben oder zu sehen gibt, bei denen ich jedoch auch die Möglichkeit habe, mich zurück zu ziehen wenn es für mich genug ist.

Ich habe das unendliche Glück, einen wunderbaren und liebevollen Mann an meiner Seite zu haben. Er tut alles, damit es mir gut geht, er steht immer zu mir. Er ist „mein Fels in der Brandung“. Er ist ein Partner, wie man ihn sich besser nicht wünschen kann. Ein rücksichtsvoller Mann, ein lieber Vater, einer der mich täglich zum Lachen bringt, mit dem man allen möglichen und unmöglichen Unsinn machen kann. Er ist ein großes Kind geblieben. Einer der mich hält. Wenn ich falle, weil mir einmal wieder alles zu viel ist oder es mir schlecht geht, ist er derjenige, der mich wieder aufrichtet und Mut zuspricht. Mein Lieblingsspruch von ihm ist: „Bergab ist Schwung holen zum Durchstarten“. Ich liebe ihn seit 27 Jahren! Er erleichtert mir mein hochsensibles Leben um so vieles. Er nimmt mir immer wieder den Leidensdruck, den ich mir so oft selbst mache.

Welche Erkenntnisse und Erfahrungen möchtest Du mit anderen Hochsensiblen teilen?

Meinen Erfahrungen nach ist es sinnlos, gegen die Sensibilität anzukämpfen. Sie gehört zu uns wie Arme und Beine. Irgendeine „Macke“ hat jeder.

Ich kann mittlerweile sehr gut einschätzen, wer oder was gut für mich ist. Personen, die ich nicht mag, werden strikt gemieden. Im Dienst ist es dann ein ausschließlich sachlicher und höflicher Kontakt. Familie kann man sich nicht aussuchen, man kann aber auch dort sagen: „Bis hierhin und nicht weiter!“ Freunde kann man sich aussuchen. Warum soll ich mich mit jemandem befassen, der mich beispielsweise mit Worten runterzieht, blöde Sprüche macht oder kein Verständnis hat. Weg damit. Auch wir haben nur dieses eine Leben. Mein Leben gestalte ich selbst und kein anderer.

Es ist wichtig „Nein“ sagen zu lernen. Das ist schwer. Einige trauen sich nicht, andere haben Angst vor den Konsequenzen. Immer nur zurück stecken ist nicht gut. Ich musste auch erst durch das „Tal der Tränen“ und brauchte professionelle Hilfe.

Es ist immer einfacher, den Weg des geringsten Widerstandes zu gehen als gegen den Strom zu schwimmen. Auch ich war einmal harmoniesüchtig, obwohl auch ich einem „Kampf“ nie ausgewichen bin, wenn es um Ungerechtigkeiten ging. Manchmal renne ich auch noch heute mit dem Kopf gegen die Wand, selbst wenn die Tür daneben offen steht. Die Weisheit des Älterwerdens bringt es jedoch glücklicher Weise mit sich, dass man doch viele Sachen gelassener sieht. Über viele Dinge, die mich früher aufgeregt haben, muss ich heute herzhaft lachen.

Man sollte sich Freunde und Bekannte suchen, die einen zum Lachen bringen. Die einen verstehen und gerade dann da sind, wenn man sie braucht. Es gibt einen weisen Spruch: „Wahre Freunde erkennt man in der Not".

Ich möchte in Zukunft mehr Kontakte zu anderen Hochsensiblen suchen. Auf meinen Eintrag in das Gästebuch von www.hochsensibel-test.de hin haben mir einige geschrieben und sich bedankt. Es gibt losen E-Mail-Kontakt. Ich bin überwältigt und aufgeregt zu gleich, was hier noch alles kommt. Zu wissen, dass es neben mir noch andere Hochsensible gibt, ist das eine. Etwas ganz anderes ist es, sich mit diesen Leuten auch auszutauschen und festzustellen, dass andere tatsächlich so sind wie ich.

Wie heißt Du?

Volker

Was möchtest Du zu Deiner Person erzählen?

Ich bin 42 Jahre, verheiratet und habe 3 Kinder. Ich bin in einer mittelgroßen Stadt im öffentlichen Dienst beschäftigt.

Zusammen mit meinem Bruder bin ich bei meiner Mutter aufgewachsen. Bis zu meinem 4. Lebensjahr war ich mutistisch. Obwohl ich eigentlich sprechen konnte, habe ich nur mit einzelnen Personen kommuniziert. Mutismus war damals als Begriff und als Störung weitgehend unbekannt, so dass ich in dieser Hinsicht keine Förderung erhielt.

Mein Vater war kaum präsent. Meine Mutter war vollzeitbeschäftigt. Ich war ein „Schlüsselkind“ und habe schon in jungen Jahren den Alltag sowie meine Gedanken und Empfindungen mit mir allein ausgemacht.

Mit Beginn der Schulzeit hatte ich auch den Mutismus überwunden. Dennoch fühlte ich mich oftmals wie ein Außenseiter. Eigentlich gab es dafür keinen Grund. Ich wurde dort angenommen, hatte einige enge Freunde und viele Kumpels. Obwohl ich meist mit der Gruppe der halbstarken Jungs umherzog, hatte ich zu jeder Phase meiner Schulzeit Freundschaften und Kontakte zu vermeintlich schwächeren, hilfsbedürftigeren Mitschülern. Ich half dem Jungen, der gemobbt und dem die mitgebrachten Bananen im Schulranzen zertreten wurden. In der Auseinandersetzung mit seinen Eltern stand ich ihm bei und wies ihnen die Grenzen auf. Ich ging mit dem Mädchen ins Schwimmbad, welches von allen gemieden wurde und baute eine Freundschaft auf. Schon sehr früh hatte ich einen ausgeprägten Gerechtigkeitssinn und konnte nicht mitansehen, wenn Dinge geschahen, die „nicht richtig“ waren. Und ich konnte es schwer ertragen, wenn Menschen leiden.

Als Außenseiter fühlte ich mich damals vor allem aufgrund meines Körpers. Ich wuchs sehr schnell sehr hoch, so dass ich in der gesamten Schulzeit immer ein, zwei Köpfe größer als alle Klassenkameraden war. Hinzu kam, dass sich sehr dünn war. Erst in der Oberstufe machte ich meinen Frieden mit der Körpergröße. Dann jedoch kam die Pubertät und mit ihr die unreine Haut. Wieder fiel es mir schwer, meinen Körper anzunehmen.

Als ich 14 Jahre alt war, zog meine Mutter mit uns in eine andere Stadt, etwa 500 Kilometer entfernt. In der neuen Schule fand ich wiederum sehr schnell Anschluss.

Es blieb dennoch dabei, dass sich mein nach außen transportiertes Bild von meinem inneren Erleben deutlich unterschied. Abermals war ich in den wortführenden Gruppen akzeptiert und in der Klasse grundsätzlich beliebt. Ich tanzte auf den meisten Feiern, heckte mit Kumpels Streiche aus, knüpfte einige sehr enge Freundschaften. Nach außen wirkte ich wohl wie ein „ganz normaler Teenager", eher selbstsicher und stark. Innerlich tat ich mich mit meinem großen Körper weiterhin schwer. Die Pickel in meinem Gesicht wollte ich vor allem und jedem verbergen.

Ich kann nicht sagen, ob es „nur" am mangelnden Bezug zu meinem Körper lag, ob es durch sonstige in meiner Person verankerte Faktoren gefördert wurde oder ob gar eine mögliche Hochsensibilität einen Einfluss hatte, jedenfalls entwickelte ich über die Jahre soziale Ängste. Fürs Feiern und Spaß war ich jederzeit offen. Wenn es persönlich wurde und ich mich nahbar geben musste, machte ich dicht. Meine Gefühle habe ich keinem offenbart. Wähnte ich mich mit höchstpersönlichen Themen (wie meinen Gefühlen) im Mittelpunkt, sollte ich mich nahbar zeigen, lief ich rot an und versuchte aus der Situation zu flüchten. Dabei entwickelte ich ganz eigene Strategien. Beispielsweise mied ich bestimmte Treffen oder ich lenkte im Gespräch ab und leitete auf andere Menschen und Themen über. Wie es wirklich in mir aussah, wusste keiner.

Noch eines entfaltete eine Wirkung: im Alter von 18 Jahren zeigte sich bei mir erstmals ein essentieller Tremor. Ich war auf einer Familienfeier. Dort griff ich zu einem Sektglas. Für mich vollkommend überraschend zitterte meine Hand auf einmal heftig, so dass ich den Sekt verschüttete. Ich stellte das Glas schnell wieder ab, peinlich berührt von dem, was gerade vorgefallen war. Die Verwandten blickten mich mit großen Augen an. Den Vorfall versuchte ich bei ihnen durch einen Schlafmangel und eine Unterzuckerung zu entschuldigen. Ich selbst ahnte jedoch, dass dem eine andere Ursache zugrunde lag. In den folgenden Jahren war es für mich eine Herausforderung, in Gesellschaften eine Suppe zu essen oder ein Sektglas am Stiel anzufassen. Ich lernte, das Zittern zu verstecken.

Der essentielle Tremor wird so genannt, weil er keine andere erklärbare oder benennbare Ursache hat. Er ist einfach da. Mich traf er im denkbar schlechtesten Alter. Als heranwachsender junger Mann war es nicht leicht mit solchen Schwächen umzugehen. Ein junger Mann will selbstsicher, groß und stark sein. Ich hingegen war ZU groß, hatte unreine Haut, wurde in Situationen rot und zitterte. Dies alles stritt gegen meine sonstigen Stärken und bremste mich in der damaligen Entfaltung. Das war für mich auch deshalb belastend, weil ich im Übrigen einen starken Willen hatte, fröhlich und optimistisch war, mit großer Empathie ausgestattet und in meinem Umfeld beliebt. Hinzu kam, dass mir die schulischen Inhalte mühelos zu flogen. Für mich passte dies alles nicht zusammen. Ich fühlte mich, als ob mir eine Welt offenstand, die ich aus ärgerlichen – eigentlich unnötigen - Gründen nicht betreten konnte.

Meine Mutter hatte für uns nie sonderlich viel Geld zur Verfügung. Eher schlugen wir uns von Monat zu Monat durch. Noch dazu zogen wir bis zu meinem 18. Geburtstag viele Male um. Ich selbst hatte mit den oben beschriebenen Problemen zu kämpfen, die mein Urvertrauen beeinträchtigten. Aus dieser Historie heraus, geriet für mich sehr schnell der öffentliche Dienst in den Fokus. Hier wurde meine große Sehnsucht nach Sicherheit angesprochen. Direkt nach dem Abitur schlug ich diesen Weg ein.

Der öffentliche Dienst erfüllte zwar meinen Wunsch nach Sicherheit, darüber hinaus gab mir meine konkrete Tätigkeit jedoch zu wenig. Erst als ich dort war, stellte ich fest, dass ich mich mit all meinen kreativen Gedanken, meiner Phantasie, Schaffenskraft und meinen intellektuellen Ressourcen nicht befriedigend entfalten konnte. Ich fand mich in einem starren, hierarchischen System wieder.

Wenige Jahre nach der Ausbildung nahm ich berufsbegleitend ein Studium an der Universität auf, welches ich fünf Jahre später erfolgreich abschloss. Nun stand mir ein neuer Arbeitsmarkt offen. Diesen sollte ich jedoch nicht mehr betreten. Zwischenzeitlich hatte sich mir im öffentlichen Dienst gleichermaßen eine Tür zu mehr beruflicher Zufriedenheit geöffnet.

Ich war 30 Jahre alt. Mein Hautbild beruhigte sich, ich trieb viel Sport. Die Proportionen zwischen Körperlänge und Statur hatten sich längst normalisiert. Es lag ein Jahrzehnt hinter mir, in welchem ich gereift war und in vielerlei Hinsicht zu mir gefunden hatte. Im Umgang mit Menschen wurde ich entspannter und selbstbewusster.

Ich hatte alte Entwicklungshemmnisse überwunden. Seitdem war ich im Öffentlichen Dienst tätig als Sachgebietsleiter, Dozent und leite heute eine Abteilung mit 90 Mitarbeitern.

Karriere erlebe ich nicht als Selbstzweck, um „wichtig“ zu sein oder viel Geld zu verdienen. Ich erlebe sie als eine Möglichkeit, beruflich entsprechend der eigenen Fähigkeiten gefordert zu werden. Erst jetzt darf ich mich mit komplexeren Fragestellungen beschäftigen, erst jetzt kann ich meine Empathie und mein vermittelndes Geschick einbringen. Mein Arbeitstag wird im

Wesentlichen durch personelle Themen ausgefüllt, durch persönliche Probleme von Mitarbeitern und das Finden sowie Vereinbaren von Lösungen. Daraus schöpfe ich meine berufliche Zufriedenheit.

Ich gehe sehr gerne zur Arbeit und dennoch bleibe ich bezüglich einiger Aspekte unbefriedigt. Noch immer lebe ich als Beschäftigter fremdbestimmt in einem System. Nicht alle zu bearbeitenden Themen sprechen mich persönlich an. Talente – gerade im künstlerisch-, gestaltenden Bereich – werden nicht abgefordert. Die Verwirklichung meines (beruflichen) Lebenstraumes habe ich damit nicht erreicht. Ich bin gespannt, ob ich dieses Glück in meinem Arbeitsleben noch finde und - sollte ich es finden - den Mut habe, mit allen Konsequenzen aufzuspringen.

Jenseits der Arbeit lebe ich ein glückliches Familienleben. Hier kann ich mir wenig mehr wünschen. Ich liebe meine Frau, ich liebe meine Kinder und wir sind gesund. Für all das bin ich sehr dankbar!

Wenn es die Zeit hergibt, bin ich gerne in der Natur. Zu Fuß oder mit dem Fahrrad. Ich fotografiere viel, bearbeite Fotos und Videos am PC, gestalte und veröffentliche Internetseiten zu verschiedensten Themen. Ich texte hierfür Inhalte und optimiere sie für Google. Ich gestalte gerne meinen Garten. Früher habe ich viel Sport betrieben und Instrumente gespielt (Klavier und Cello). Seit die Kinder da sind, haben sich die freien Zeitfenster deutlich reduziert. Heute liegt die größte Aufmerksamkeit bei den Kleinen.

Wie kamst Du darauf, dass Du hochsensibel sein könntest?

Dass ich sensibel bin, war mir schon immer bewusst. Der Begriff Hochsensibilität ist mir auf einem Elternabend im Kindergarten begegnet. Dort wurde ein Vortrag zu diesem Thema gehalten. Ich fand das Thema so spannend, dass ich noch am selben Abend im Internet recherchierte. Dann habe ich mir ein Buch über Hochsensibilität gekauft und mich dort auf vielen Seiten wiedergefunden.

Woran machst Du Deine Hochsensibilität fest?

In erster Linie daran, wie schnell und treffend ich die Stimmungen meines Gegenübers empfange. Oftmals gelingt es mir, gemeinsam mit meinem Gegenüber in kurzer Zeit einen vertrauensvollen Gesprächsrahmen zu gestalten. Dies wird mir vor allem dann deutlich, wenn Mitarbeiter im persönlichen Gespräch aus ihren Rollen treten und mir von Sorgen und Nöten berichten, die ansonsten im täglichen Betrieb unausgesprochen bleiben. Gerade im Arbeitsleben beobachte ich immer wieder, dass dem Umfeld höchstpersönliche Gedanken und Stimmungen vorenthalten werden. Dabei ist das, was Menschen von sich zeigen, immer noch „echt". Nur eben nicht vollständig.

Im Freundes- und Bekanntenkreis, in der Berufswelt und im familiären Umfeld spüre ich, wie es meinem Gegenüber geht. Ich kann nicht beschreiben, woran ich es festmache. Es wirkt stark auf mich ein und beeinflusst mich. Die erste für mich spürbare Wirkung tritt dadurch ein, dass ich den starken Impuls habe, den Menschen anzusprechen. Oft mache ich das auch und in den allermeisten Fällen trifft meine Wahrnehmung zu. Je nach meinem

Verhältnis zu dem Menschen und der Gesprächssituation steigen wir dann in das Thema ein oder ich ziehe mich mit meinem Vorstoß wieder zurück, beziehungsweise unterdrücke den Impuls von vornherein.

Es gibt weitere Bereiche, in denen ich sensibel bin:

Ich habe extrem empfindliche Augen. Sobald es draußen etwas heller ist, neige ich zu tränenden Augen, kneife sie zusammen und habe das Bedürfnis meine Sonnenbrille aufzusetzen. Dies kommt trotz Wolkendecken vor.

In Gesellschaft werden mir laute, parallel laufende Gespräche schnell zu viel. Wenn mehrere Menschen gleichzeitig reden, sich sogar noch ins Wort fallen und gegenseitig übertönen wollen, schlägt sich das auf meiner Stimmung nieder. Ich ziehe mich dann innerlich zurück und mache dicht. Meist beteilige ich mich nicht mehr am Gespräch, sondern hänge meinen eigenen Gedanken nach. In besonders lauten Situationen habe ich auch schon festgestellt, dass ich gereizt und unfair regiere. Nicht immer gelingt es mir dann, den Menschen gerecht zu werden.

Leider bin ich sehr schmerzempfindlich. Das macht sich beim Zahnarzt bemerkbar, wo ich trotz diverser Betäubungsspritzen immer noch empfindlich bleibe. Bestätigende „Blindtests“ durch den Zahnarzt - mit wechselweise stumpfem und spitzem Werkzeug - lassen mich daran glauben, dass es nicht allein eine „Kopfsache“ ist, sondern meine Nerven tatsächlich in besonderer Weise anspringen. Als vor einigen Jahren ein zerbrochener Zahn gezogen werden sollte, endete es nach wirkungslosen lokalen Betäubungsspritzen in einer Vollnarkose. Die Schmerzempfindlichkeit ist auch an sonstigen Stellen im Körper festzustellen. Dies geht soweit, dass ich es kaum aushalte, einige

Minuten auf einem harten Fußboden zu liegen, ohne einen schmerzenden Druck auf den Gelenken zu verspüren. Eine starke Berührungsempfindlichkeit der Haut habe ich ebenfalls. Dabei erlebe ich nicht nur den Schmerz intensiver, sondern stellenweise auch eine besondere Kitzeligkeit.

Ich erlebe mich als sehr speziell, was das Essen und seine Konsistenzen angeht. Ich fühle mich unwohl, wenn ich geleeartige, wabbelige, weiche Dinge essen soll. Käse wollte ich jahrzehntelang nicht einmal berühren. Inzwischen bin ich da etwas entspannter. Weichkäse, Camembert, oder gar Schimmelkäse meide ich jedoch weiterhin. Obwohl mir Dinge oft geschmacklich zusagen, mag ich sie nicht essen. Hierzu zählen auch Pilze, manche Wurstsorten oder einige Süßspeisen. Koffein löst bei mir starke Wirkungen aus, ich werde deutlich zittriger, aufgewühlter und neige zum Schwitzen. Je nach Menge wirkt es sich auch negativ auf den Kreislauf aus, mir wird dann schwarz vor Augen. Ähnlich wie bei einer Unterzuckerung.

Über welche Aspekte Deiner Hochsensibilität freust Du Dich?

Ich freue mich besonders darüber, einfühlsam und emphatisch zu sein. Das ermöglicht mir ein emotional reichhaltiges Leben und tiefe Beziehungen zu anderen Menschen.

Im Übrigen hilft es mir auch bei meiner Arbeit. Ich finde einen „Draht“ zu den Personen. Entscheidungen kann ich mit Blick auf die betroffenen Menschen fällen. Dies kommt meinem Verständnis von einer verantwortungsvoll handelnden Organisation entgegen.

Wenn ich die Fähigkeit betrachte, ganz allgemein Reize aus der Umwelt sensibler wahrnehmen und verarbeiten zu können, dann hilft mir die Hochsensibilität auch dabei, Situationen einzuschätzen. Ich erahne, wie die Stimmung im Raum ist, welche Bedürfnisse und Wünsche die Menschen umtreiben, welche Worte gerade vielleicht schlecht ankommen und auf welche Themen eine Diskussion jetzt gelenkt werden sollte. Beim Moderieren von Besprechungen oder von Unterhaltungen im privaten Freundes- oder Familienkreis ist meine Hochsensibilität hilfreich.

Siehst Du für Dich Möglichkeiten, die Aspekte die Dir eine Freude sind im Alltag noch häufiger hervortreten zu lassen?

Einen wesentlichen Schritt in der beruflichen Welt konnte ich durch den „Karriere-Sprung" bereits machen. Durch meine derzeitige Tätigkeit habe ich viel mit Menschen zu tun und kann mich dort oft mit meinen Fähigkeiten einbringen.

Ich würde gerne noch häufiger selbstbestimmt sein. Mein Sinn für das Schöne, Kreative, Handwerkliche und für die Natur bekommt durch den starren beruflichen Alltag nicht genug Raum. Hier würde ich gern mehr vom Leben haben. Diese Facette bekäme ich am ehesten durch das Aufgeben des bisherigen Berufs und die Aufnahme einer selbständigen Tätigkeit verwirklicht. Ob es eines Tages gelingen wird, ob ich es eines Tages überhaupt noch will, das vermag ich heute nicht vorherzusagen. Zumal der Leidensdruck auch nicht übermäßig groß ist, meine jetzige Arbeit bringt mir auch viel Freude.

Welche Aspekte Deiner Hochsensibilität sind eine Herausforderung?

Lange Zeit war es schwer für mich, emotional bei mir zu bleiben. Wie ich bereits beschrieb, nehme ich die Stimmungen anderer in besonderer Weise wahr. Früher geschah es oft, dass ich diese übernahm. Traf ich gut gelaunt auf Menschen, die mit Sorgen belastet waren, pendelte ich mich rasch auf deren Empfinden ein. Eine Abgrenzung fand nicht statt. Das Übernehmen fremder Stimmungen war für mich dann nachvollziehbar und in Ordnung, wenn es Sorgen aus dem engsten familiären Umfeld betraf. Leider gelang mir die Abgrenzung jedoch auch bei weiter entfernteren Personen, wie flüchtigen Bekannten oder Kollegen nicht. Es war eine Entwicklung, fremde Sorgen nicht zu eigenen zu machen.

Einen Lernprozess habe ich bezüglich des Auslebens meiner beruflichen Rolle vollzogen. Es gibt Erwartungen von Mitarbeitern an mich, die sich nicht immer mit meinen sensiblen Empfindungen decken. Mitunter gibt es den Bedarf nach einem starken Profil und einem Vorgesetzten, der eine verbindliche Orientierung bietet, so dass die besondere Sensibilität dem auf den ersten Blick entgegenstehen kann. Ich habe inzwischen jedoch gelernt, dass ich meine Sensibilität in die Arbeit einbringen kann und dennoch als Vorgesetzter ernst genommen werde. Oder vielleicht sogar gerade deswegen. Auf diesen Weg begebe ich mich immer konsequenter. Ich lote meinen Wohlfühlbereich aus, auch in der beruflichen Rolle. Ich erlebe meine Sensibilität gerade im Beruf nicht (mehr) als Schwäche, sondern als Stärke. Ich habe auch gelernt, dass ich als Vorgesetzter echte Schwächen und Fehler zeigen bzw. zugeben darf. Wann immer ich diesen Schritt ging, wurde es positiv aufgenommen. Sollte es dennoch einzelne Personen geben, die damit schlechte Stimmung machen wollen, ist mir dies inzwischen egal. Es ist toll, Mensch sein zu können. Je authentischer ich bin, umso freier werde ich.

Eine Herausforderung sind gesellschaftliche Anlässe aller Art geblieben. Small-Talk-Runden sind nicht meine Welt. Im privaten Umfeld kann ich mich mit den Menschen und Situationen umgeben, die mir gut tun. Im beruflichen gelingt dies nur bedingt. Zu oft treibe ich mich auf Konferenzen, Besprechungen und Feierlichkeiten herum. Manchmal wird es mir dort zu viel. Zu viele Stimmen, parallele Gespräche und Diskussionen. Meinem eigentlichen Impuls – „dicht" zu machen – kann ich dort nicht folgen. Also suche ich mir kleine Auszeiten, gehe immer mal wieder kurz nach draußen vor die Tür oder nutze einen Toilettengang als kleine Pause.

Was könntest Du tun, um mit den negativen Seiten Deiner Hochsensibilität besser umzugehen?

Wie gerade dargelegt, kann ich weiterhin üben, mich abzugrenzen. Es ist gut für mich, wenn ich mir fremde Sorgen nicht zu eigenen mache. Dies soll keinesfalls ausschließen, ein offenes Ohr für andere zu haben, zu helfen und für andere da zu sein. Es hilft jedoch niemandem – mir am allerwenigsten – wenn ich selbst in die schlechten Schwingungen einsteige.

Bezüglich der Überreizung in Gesellschaft, kann ich weiterhin kleine Auszeiten für mich suchen. Meistens gelingt dies auch, mir reichen einige Minuten zum Durchatmen in aller Regel aus.

Welche Erkenntnisse und Erfahrungen möchtest Du mit anderen Hochsensiblen teilen?

Ich habe positive Erfahrungen damit gemacht, mutig zu sein. Fast immer, wenn ich mich Herausforderungen gestellt habe oder mich anderen Menschen geöffnet habe, ist daraus etwas Gutes erwachsen.

Schwächen und Fehler darf man zugeben. Sich als Mensch zu zeigen, nimmt einem Druck hinsichtlich der Erwartungen anderer.

Wir alle haben nur dies eine Leben. Es ist keine Generalprobe für den zweiten Anlauf. Wir tun gut daran, unser Leben in die Hand zu nehmen. Das Leben ist zu kurz, um auf irgendetwas zu warten. Hoffnungen, wie „wenn ich erst einmal…" oder „später werde ich" könnten allzu rasch in Enttäuschungen enden. Besser ist es, wenn es gelingt den Moment zu genießen.

Vieles im Leben geht um das Überwinden von Ängsten. Dahinter wartet jedoch die Freiheit. Sich dafür zu trauen, ist ein lohnenswertes Ziel.

Wie heißt Du?

Katja

Was möchtest Du zu Deiner Person erzählen?

Ich bin 45 Jahre alt und lebe mit Mann und Tochter in Berlin, in einem Altbau direkt am See. Die Gegend ist zentral, aber dennoch sehr ruhig gelegen. Ich arbeite von zu Hause als Coach und Autorin. In meiner Freizeit bin ich in der Natur, reite nach Methoden des Natural Horsemanship (ohne Trense), liebe es, mit Freunden zu Abend zu essen und genieße es, wenn es um mich herum still ist. Mein Tag beginnt mit einer Meditation von 10 - 20 min. Danach verbringe ich Zeit mit meinem Mann bis er zur Arbeit geht und setze mich gegen 10:00 an den Rechner. Coaching-Termine nehme ich ab 11:00 an.

Wie kamst Du darauf, dass Du hochsensibel sein könntest?

Eine Dame aus dem Freundeskreis hat den Begriff fallen lassen, als es im Gespräch um meine Tochter ging. Ich googelte und fand mich selbst dabei wieder. Es war, als wäre ein Schleier vor meinem Gesicht weg gezogen worden. Bis dahin hatte ich mich gegen Umschreibungen wie „sensibel", „sentimental" oder „überempfindlich" zu wehren versucht, habe mich extrovertiert, kernig und kommunikativ gegeben. Ich habe einfach versucht, anders zu sein, nicht sentimental und überempfindlich. Ich arbeitete als PR-Frau in der Musikbranche, ging auf Konzerte, Partys, Preis-Verleihungen wie ECHO etc. und feierte Karneval in Köln. Immer mit dem Ergebnis, sofort danach krank zu sein. Als ich mich als HSP wieder erkannte, änderte ich eine Menge in meinem Alltag. Meine Selbständigkeit wurde umstrukturiert, ich gab die PR-Arbeit auf, begann mich mehr auf Interviewtraining und Coaching zu konzentrieren und schrieb mein erstes Buch „Gelassenheit im Job".

Woran machst Du Deine Hochsensibilität fest?

Ich gebe sehr auf mich und meinen Energiehaushalt Acht. In Gesellschaft brauche ich zwischendurch Auszeiten. Dabei genügt es, wenn es nur 2 - 3

Minuten sind, die ich mich aus der Runde entferne. Außerdem spüre ich, wenn die Stimmung irgendwo nicht gut ist. Ich merke sofort, wenn mir jemand etwas vor machen will. Ich spüre, wenn jemand nur so tut als ginge es ihm oder ihr gut. Das war schon immer so. Es ist nicht so, dass ich es am Gesicht ablese - das auch - aber ich kann es innerlich spüren. Ich weiß, wie sich mein Gegenüber fühlt. Wenn ich nicht Acht gebe, fühle ich dasselbe. Ist mein Gegenüber beispielsweise wegen irgendetwas zornig, was aber nichts mit mir zu tun hat, spüre ich plötzlich Ungeduld und Pampigkeit in mir aufsteigen. Ich bin dann nicht ich selbst.

Über welche Aspekte der Hochsensibilität freust Du Dich?

Für meine Arbeit als Coach ist diese Eigenschaft natürlich genial. Meine Klienten brauchen gar nicht viel zu sagen - ich weiß einfach, wo der Hund begraben ist. Und da ich Energiearbeit und Coaching mit einander kombiniere, fällt es mir leicht, treffsicher Blockaden zu lösen. Auch kann ich meine Familie sehr gut einschätzen. Manchmal verheddere ich mich zwar aus Versehen in deren Gefühlen und muss dann dort erst einmal wieder heraus finden, aber meine Fähigkeit zu Verstehen und Nachzuvollziehen ist groß.

Welche Aspekte der Hochsensibilität sind eine Herausforderung?

Viele Dinge, die ich gerne mache, strengen mich andererseits auch an. Restaurant-Besuche oder Familientreffen zum Beispiel. After-Show-Partys und Konzerte lasse ich inzwischen nahezu komplett aus. Aber auch Belangloses, wie der Einkauf im Supermarkt oder der Aufenthalt im Einkaufszentrum, fordern mich sehr heraus. Es fühlt sich dann manchmal so an, als hätte ich sämtliche Leute, die mir begegnet sind oder mit denen ich Kontakt hatte, in mir herumspringen. Mit all ihren Gedanken und Gefühlen. Es dauert dann meist mehrere Tage bis sich das abgebaut hat. Ich dosiere daher sehr vorsichtig, was ich tue und verbinde solche geselligen Unternehmungen mit bestimmten energetischen Übungen, die ich vorher mache. Das funktioniert ganz gut. Mache ich das nicht und bin ich nachlässig mit dem Selbstschutz, dann werde ich leicht reizbar.

Was könntest Du tun, um mit den negativen Seiten Deiner Hochsensibilität besser umzugehen?

Wenn ich aufgrund von Überreizung einmal ruppiger war als nötig, kann ich mich schnell entschuldigen und mir selbst auch schnell verzeihen. Ich habe geübt und gelernt, diese Dinge nicht mehr lange mit mir herum zu tragen. Früher war das anders. Da gingen mir hitzige Meinungsverschiedenheiten oder auch Streits sehr nahe, auch über einen längeren Zeitraum. Ich hatte auch lange Zeit mit Gewissensbissen zu kämpfen. Es war sehr leicht, mir Schuldgefühle zu bereiten. Ich habe gelernt, nachsichtig mit mir zu sein und auch mal ein enttäuschtes Gesicht zu ertragen, wenn ich mich mal zurückziehe, obwohl es für die Situation vielleicht ungewöhnlich ist.

Welche Erkenntnisse und Erfahrungen möchtest Du mit anderen hochsensiblen Menschen teilen?

„Schuld ist eine Erfindung des Menschen." — In der Natur existiert sie nicht. Es gibt Konsequenzen - ja. Aber keine Schuld. Mit diesem Gefühl umgehen zu lernen, ist die allergrößte Bereicherung und Freiheit.

Wie heißt Du?

Lorenz. [Lorenz ist der Bruder von Maria - nachfolgendes Interview]

Was möchtest Du zu Deiner Person erzählen?

Ich bin 52 Jahre alt, kinderlos und habe drei abgeschlossene Berufsausbildungen. Heute arbeite ich im sozialen Bereich mit schwerst-mehrfach behinderten Menschen, sowie freiberuflich als Musiker und Portraitzeichner. Da mir weder das Leben nur in der Stadt (zu hektisch und unpersönlich), noch das Leben nur auf dem Land (zu enge Horizonte, zu wenig intellektuelle Herausforderung) langfristig zusagte, habe ich einen Mittelweg gefunden: Ich wohne einerseits ländlich in der Nähe einer großen Stadt, in der ich andererseits auch arbeite und viel unterwegs bin.

Ich fühlte bereits im Alter von 13 Jahren, dass eine Familie zu gründen nicht meine Lebensform ist. Zu viel Interessantes gab es zu entdecken und auszuprobieren, zu groß war meine Neugierde auf verschiedene Aspekte des Lebens: Die eigenen Grenzen austesten, mich dem Bergsteigen, dem Klettern, Reisen und der Kunst widmen und andere Kulturen kennen lernen. Auch die „Reise nach innen“ war mir immer wichtig. Was treibt mich an, warum tun Menschen das, was sie tun und was hat das für Konsequenzen? Wie komme ich für mich zu möglichst tiefer Erkenntnis des Wesens der Welt, des Körpers und der Seele? Schon immer wollte ich die komplexen Zusammenhänge verstehen, die die Welt zusammenhalten und zu dem machen, was sie ist. Physisch, psychologisch und philosophisch gesehen.

Wie kamst Du darauf, dass Du hochsensibel sein könntest?

Der Begriff „hochsensibel" bzw. die Bezeichnung „HSP" ist mir erst seit einigen Jahren durch das Internet bekannt. Mein Erinnerungsvermögen reicht bis zum zweiten oder dritten Lebensjahr zurück. Dass ich sehr empfindsam bin, wurde mir früh vermittelt. Meine Mutter nannte mich scherzhaft ein „zartbesaitetes Rauhbein". Mein älterer Bruder prägte den Namen „Sensibly" für mich und mein Klassenlehrer schrieb ins Zeugnis, ich sei sehr sensibel. Schon als Kleinkind hatte ich einen sehr leichten und störanfälligen Schlaf. Später nahm ich mir bestimmte Vorkommnisse in der Schule, erlebte Ungerechtigkeiten und eigene „Unzulänglichkeiten" mehr zu Herzen als andere Kinder und mehr als es zuträglich war. Ich glaubte allen alles, egal, was sie mir über mich zu verstehen gaben und fühlte mich dabei für alles Mögliche und Unmögliche verantwortlich, ja schuldig. Besonders aber für die gelegentlich schlechte Laune und auftretende Willkür von Lehrern und die momentane Gemütsverfassung meiner Eltern. Ihre Gesichtsausdrücke waren für mich schlicht Seismografen für totales Zugewandtsein oder vollständige Ablehnung meiner Existenz. Was ich nicht alles sein sollte: ordentlicher, nicht so vergesslich, nicht so verträumt, nicht so übermütig, nicht so selbstversunken. Ich versuchte redlich mich zu ändern und zu verbiegen. Doch offensichtlich war trotz guter schulischer Leistungen etwas mit mir nicht ganz in Ordnung und mein Vater brachte mich aufgrund einiger neurotischer Verhaltensweisen im Alter von acht Jahren zu einem Psychiater. Der stellte aber auch nur einmal mehr fest, dass ich sehr sensibel sei. Ich selbst fand natürlich auch keine kindlichen Worte dafür.

Dass ich anders war, wurde mir zudem auch direkt durch den Alltag bewiesen. Ich wuchs als Kind einer Pfarrersfamilie mit mehreren Geschwistern in der DDR auf. Dies steigerte den Leidensdruck erheblich. Er ergab sich aus der politischen Ächtung und Benachteiligung von Pfarrerskindern in der DDR, aber auch aufgrund einer neurotisierenden christlichen Erziehung. Diese beiden Komponenten und deren für mich irgendwann nicht mehr zu bewältigende Verarbeitung, führten zu solch akutem psychischen Stress, dass mein Körper reagierte. Im Alter von elf Jahren bekam ich plötzlich so genanntes azetonämisches Erbrechen. Bei mir waren es bis zu 21 Brechanfälle täglich, drei Wochen lang. Ich wäre daran beinahe gestorben, da der Körper weder Medikamente noch Wasser, geschweige denn Nahrung behielt. In den nächsten zwei Jahren wiederholte sich das Erbrechen, wenn auch in schwächerer Form. Natürlich wurde dieser Zusammenhang damals auch von ärztlicher Seite nicht erkannt. Mir selbst wurde erst vor ca. zwölf Jahren bewusst, dass dies Ausdruck meiner inneren Hilflosigkeit und Selbstverleugnung war.

Als ich 16 Jahre alt war, verstarb mein Vater, der selbst eine hochsensible Person war. Sein früher Tod hinterließ bei mir ein tiefes Gefühl der Verzweiflung, Trauer, der Sinnlosigkeit und des Verlassenseins. In meinen Träumen verfolgte er mich immer wieder und wollte mich umbringen, was mich dazu veranlasste, mich in den darauffolgenden Jahren intensiv mit Traumarbeit zu befassen. Das Aufschreiben und Analysieren meiner Träume brachte mich schließlich soweit, dass ich gelegentlich luzid träumte (man ist sich im Traum bewusst, dass man träumt und kann den Traum steuern) und meinen Vater bzw. dessen Dominanz in mir besiegen konnte, indem ich seinen glühenden Augen standhielt und er zuerst wegsah – der Bann war gebrochen. Seither begegnet er mir in Träumen liebevoll und offen.

Woran machst Du Deine Hochsensibilität fest?

Ich bin sehr licht- und lärmempfindlich und kann nur bei absoluter Dunkelheit und Stille schlafen. Deshalb sind die Augenbinde und Ohrstöpsel aus Wachs ständige nächtliche Begleiter. Ich kann auch nur schlafen, wenn ich kühle Luft atme, andernfalls bekomme ich Erstickungsängste. Direkte Sonneneinstrahlung ist für mich nur mit Sonnenbrille erträglich. Bestimmte Frequenzen in gewisser Lautstärke, z. B. schrille Frauen- und quiekende Kinderstimmen, Kreissägen und Winkelschleifgeräte, ein Martinshorn in der Nähe oder in hoher Geschwindigkeit vorüberfahrende Güterzüge tun mir fast schon körperlich weh und mein Solarplexus krampft sich förmlich zusammen, wenn ich mir nicht schnell genug die Ohren zuhalte. Bei plötzlichen Geräuschen erschrecke ich schnell.

Ungestimmte Musikinstrumente und „schiefes" Singen sind mir höchst unangenehm, ebenso stundenlang vor sich hindudelnde Radios. Schreiende Menschen, Straßenlärm, Massenveranstaltungen, Kaufhausgetümmel und überfüllte S-Bahnen versuche ich zu meiden, dabei fühle ich mich äußerst unwohl.

Kaffee trinke ich meist entkoffeiniert und/oder mit viel Milch, weil mich Koffein nicht nur an-, sondern auch aufregt und mir die Hände anfangen zu zittern.

Die schlechte Laune von Menschen und missmutige Gesichtsausdrücke „ziehen mich runter". Ich muss mir dann gezielt vergegenwärtigen, dass dies nur von dem betreffenden Gegenüber ausgeht und mit mir nun wirklich nichts zu tun hat. Beiläufige Aussagen von Familienmitgliedern und Freunden beziehe ich schnell auf mich und gehe oft dementsprechend (vor)schnell in Verteidigungshaltung (angegriffen werden tut so weh!), die mein Gegenüber dann manchmal veranlasst, verwundert zu fragen, warum ich so empfindlich reagiere, das sei doch gar nicht so gemeint gewesen.

Wenn ich irgendwo zu Gast bin, habe ich Angst, den Leuten schnell zur Last zu fallen, auch wenn sie mir mehrfach versichern, dass sie sich sehr freuen, dass ich da bin.

Ich brauche viel eigenen Freiraum, um meine Gedanken und Gefühle auf „die Reihe zu bekommen" und zu ordnen.

Was Menschen sich gegenseitig und den Tieren an Leid antun, geht mir sehr nahe. Für meine Begriffe stecken wir emotional und hinsichtlich innerer Reife noch tief im Steinzeitalter, auch wenn das Leben bequemer geworden ist. Mir ist völlig unverständlich, warum von Kindern und jungen Menschen verlangt wird, sich den Kopf mit unnützem und totem Wissen vollzustopfen und dies auch noch als „Bildungsreform" zu preisen. Warum gibt es nicht schon längst Schulfächer, in denen beispielsweise der Umgang mit Gefühlen wie Angst, Wut und Hass oder so profane Dinge wie der Umgang mit Geld gelehrt werden?!

Ich träume sehr intensiv und bildhaft und versuche noch heute, meine Träume per freier Assoziation (was verbinde ich mit dem jeweiligen Bild bzw. dem Handlungsverlauf?) zu deuten. Das ist zur langjährigen Gewohnheit geworden.

Wenn zwei Parteien sich streiten, habe ich oft das Gefühl, dass ich beiden Recht geben muss und kann mich für keine wirklich entscheiden.

Mehrere Dinge gleichzeitig zu tun, überfordert mich ab einem gewissen Grad. Zu viele Informationen gleichzeitig aufnehmen zu müssen ebenso, beispielsweise einem interessanten Beitrag im Fernsehen zu folgen bei gleichzeitiger Unterhaltung anderer Anwesender im Raum.

Ungerechtigkeit macht mich traurig und hinterlässt bei mir zunächst ein Gefühl tiefer Ohnmacht, dann aber auch sehr schnell das Bedürfnis, aufzubegehren und zu protestieren.

Über welche Aspekte Deiner Hochsensibilität freust Du Dich?

Ich erfasse intuitiv sofort die Stimmung der Anwesenden. Wenn ich einen Raum betrete und kann mich offenbar gut in Menschen einfühlen, ohne gleich mein Urteil über einen Sachverhalt zu stülpen, vorschnelle Schlüsse zu ziehen und unausgereifte Ratschläge zu geben.

Ich bin ein geduldiger und ausdauernder Zuhörer. Ich kann Situationen auch einfach stehen und wirken lassen, wenn das angebrachter erscheint, als in blinden Aktionismus zu verfallen. Das ist für mich eine Form von „effektiver" Gewissenhaftigkeit, die mir generell zu Eigen ist, wie ich glaube. Ich mache die Erfahrung, dass vor allem Frauen das Gespräch suchen und ich versuche, objektiv zu sein, ohne aufdringlich zu wirken. Dabei muss ich jedoch Acht geben, dass ich nicht zum emotionalen „Mülleimer" werde, wenn es meinem Gegenüber eher nur ums „verbale Kreisen" um ein Problem geht, statt um dessen Lösung. Das betrifft übrigens durchaus auch Männer.

Besonders freue ich mich, wenn ich auf der Bühne stehe. Ob mit der Band oder auch in Zweierformationen in Seniorenheimen und meine/unsere Musik den Menschen gefällt, Emotionen weckt und sichtlich gut tut. Ich freue mich, wenn sich jemand seinerseits über eine gelungene Portraitzeichnung freut und auch, wenn meine Kollegen mich holen, weil gerade niemand sonst da ist, der den einen bestimmten Klienten versteht (dieser kann weder sprechen, noch richtig gestikulieren). Manchmal ahne ich im Voraus, was er mitteilen will.

Ich freue mich über meine tiefe Empfindungs- und Reflexionsfähigkeit, weil sie mich Dinge und Zusammenhänge sehen oder auch erspüren lässt, die anderen vorerst noch verborgen bleiben. Ich freue mich über die mir eigene Achtsamkeit im Umgang mit Menschen, die mich Bedürfnisse und Befindlichkeiten anderer wahrnehmen lässt, oft bevor sie ihnen selbst bewusst werden. Und nicht zuletzt freue ich mich und bin sehr dankbar, dass ich mein inneres Gleichgewicht gefunden habe, weil ich die Kraft fand, mich weitestgehend „meinen Dämonen“ zu stellen.

Siehst Du für Dich Möglichkeiten, die Aspekte die Dir eine Freude sind im Alltag noch häufiger hervortreten zu lassen?

Ich bin mit meinem Leben inzwischen mehr als zufrieden, nicht zuletzt, weil ich gelernt habe, für mich selbst zu sorgen und mir verschiedene Ausdrucksmöglichkeiten zur Verfügung stehen. Ich musiziere, komponiere, zeichne und schreibe Gedichte. Aber immer schön eins nach dem anderen! Natürlich kann man alle Interessen noch vertiefen, aber ich fühle mich seit Jahren sehr wohl in und mit meinem Leben, so wie es ist.

Ich bin ein „Bewegungstyp“ und glaube, ich habe mit körperlichem ebenso wie mit seelischem Schmerz umgehen gelernt, indem ich mich in jüngeren Jahren einige Male ganz bewusst extremen körperlichen Erfahrungen aussetzte. Drei erfrorene Zehen während einer Wintertour mit Ski und Zelt bei minus 40 Grad, eine Alpenüberquerung ohne Zelt (nur mit Rucksack und Plane), siebenhundert Kilometer zu Fuß nach Budapest und eine selbst organisierte Fußtour ins Mount-Everest-Basecamp. Eine Szene ist mir noch in Erinnerung: Ich war als Jugendlicher mit meinem Fahrrad schwer gestürzt, schob mit zwei Knochenbrüchen und einer leichten Gehirnerschütterung das verbogene Fahrrad nach Hause und versuchte dabei zu lächeln. Was mir nicht besonders gut gelang.

Mit meiner zwar hochempfindsamen, nichtsdestotrotz aber auch recht stabilen Psyche, konnte ich die teilweise als sehr repressiv erlebte DDR-Erfahrung und mehrere persönliche Schicksalsschläge weitestgehend verkraften. Wenn auch mit ein paar psychischen Blessuren.

Welche Aspekte Deiner Hochsensibilität sind eine Herausforderung?

Wenn ich mich missverstanden fühle, was recht häufig passiert, will ich mich erklären und die Hintergründe darlegen. Oft hat mein Gegenüber trotz meiner Versicherung, nicht Recht behalten oder überzeugen zu wollen, aber nicht die Geduld und den Willen, sich damit wirklich auseinander zu setzen. Das ärgert mich dann sehr, schließlich nehme ich mir auch Zeit, zuzuhören und verstehen zu wollen. Ich reagiere dann sehr empfindlich. Vielleicht hat es auch deswegen kaum eine Frau viel länger als drei Jahre mit mir ausgehalten.

Egoismus, Ignoranz, Unsensibilität, bloße Großspurigkeit, Rücksichtslosigkeit und Ellenbogenmentalität belasten mich am meisten, ebenso der Raubbau an den Ressourcen der Erde aus Gier und Profitstreben, ohne zu bedenken, dass nach uns auch noch Generationen kommen. Keinen Sinn für die Schönheit und Perfektion des Spiels der Natur und die Einmaligkeit bestimmter Momente zu haben und stattdessen mit hängenden Mundwinkeln in den oft selbst gesteckten und irgendwann zur zweiten Natur gewordenen Grenzen zu versauern, bedeutet für mich vertane Lebenszeit und Verrat an der eigenen Größe.

Was könntest Du tun, um mit den negativen Seiten Deiner Hochsensibilität besser umzugehen?

Seit vielen Jahren praktiziere ich Zen-Meditation. Stille ist für mich eine unerschöpfliche Kraftquelle und ideal, um schnell wieder meine Mitte zu finden und mit allem früher oder später ins Reine zu kommen.

Ich erfahre es als sehr klärend, mich immer wieder mal quasi neben mich selbst zu stellen und wie von außen zu beobachten, ganz so, als würde ich mich ohne meine Geschichte(n) neu kennen lernen. Schnell komme ich dann dahinter, dass nicht alles, was mir durch den Kopf schießt, besonders realistisch oder lebensförderlich ist und ich mich nicht mit jedem Nonsens meiner Gedankenketten und lieb gewordenen Überzeugungen identifizieren muss.

Allgemein versuche ich, mehr im Jetzt zu leben, denn die meiste Kraft kostet es, die Vergangenheit ständig mit sich herumzuschleppen und Dinge zu beklagen, die nun einmal so sind wie sie sind.

Vor allem habe ich aufgehört, mir selbst leid zu tun und irgendjemanden für mein Leben verantwortlich zu machen, auch nicht meine Eltern. Sie taten ihr Bestes, so wie es alle Eltern tun, sonst hätten sie es anders gemacht. Sie haben mir viele Werte vermittelt, ohne die ich heute nicht der wäre, der ich bin und dafür bin ihnen inzwischen sehr dankbar. Die Impulse und Botschaften von außen sind die eine Sache, die andere ist die Art und Weise der Verarbeitung. Die hat, besonders im Erwachsenenalter, in erster Linie etwas mit mir selbst zu tun. Hierin liegt für mich das eigentliche Mündigwerden.

Wichtig scheint mir auch, niemals den Humor zu verlieren und über die eigenen Sonderbarkeiten schmunzeln zu lernen, das ist sehr heilsam und wirkt entkrampfend.

Welche Erkenntnisse und Erfahrungen möchtest Du mit anderen Hochsensiblen teilen?

Lebe Deine Träume, folge Deiner inneren Stimme, Deiner Begabung ohne Rücksicht darauf, was andere dazu meinen!

Verschließe vor nichts die Augen und besonders dann nicht, wenn es innerlich weh tut. Da geht es dann lang! Irgendwann entstehen aus den Sandkörnern, an denen wir uns reiben, die Perlen, nach denen wir uns sehnen. Aber reiben müssen wir uns schon. Das ist die Aufgabe, die Bewusstwerdung. Du kommst sowieso nicht darum herum! Früher oder später holt uns jeder verdrängte Schatten ein. Wenn Du Hilfe brauchst, suche sie, ohne Dich abhängig zu machen.

Schaffe Dir Freiräume, in denen Du alleine mit Dir bist, sei es durch Meditation oder einfach stille Spaziergänge in der Natur. Finde Deine Balancen. Filtere aus allem, was dir begegnet, das was für Dich passt, heraus.

Lehne Dich an Deine Grenzen und sie werden sich weiten. Andernfalls werden sie enger und enger.

Wir hochsensiblen Personen haben etwas sehr Wertvolles zu geben, wir sind das Geschenk des notwendigen Ausgleichs an die Welt.

Wie heißt Du?

Maria. [Maria ist die Schwester von Lorenz - vorheriges Interview]

Was möchtest Du zu Deiner Person erzählen?

Ich bin 54 Jahre alt, von Beruf Musikpädagogin und Musikerin und lebe in Erfurt. Ich arbeite nach einer langen Zeit der Freiberuflichkeit nun seit 3 Jahren fest angestellt an einer sozialen Fachschule, wo ich Musik und Gitarre für Erzieher, Heilerziehungspfleger und Sozialassistenten unterrichte. Ich bin geschieden, lebe seit vielen Jahren solo und habe einen 30-jährigen Sohn.

Wie kamst Du darauf, dass Du hochsensibel sein könntest?

Von Hochsensibilität habe ich das erste Mal vor 2 Jahren im Radio gehört und mir anschließend Bücher bestellt. Dabei ging es mir wie vielen anderen. Ganze Gebirgsketten fielen mir vom Herzen, denn ich hatte immer wieder

Depressionen, oft mit Klinikaufenthalten. Viele Therapiestunden liegen hinter mir.

Woran machst Du Deine Hochsensibilität fest?

Bevor ich zur hellen Seite meines Daseins als hochsensible Person komme, möchte ich die dunkle Seite noch etwas eingehender schildern. Ich habe inzwischen viel verstanden.

Unser Vater war ganz klar ebenfalls eine hochsensible Person. Er war lärmempfindlich, künstlerisch und als evangelischer Pfarrer sinnstiftend. Beide Eltern waren vom Krieg traumatisiert, was sie unterschiedlich verarbeiteten. Der Vater tat es in unzähligen Gesprächen beim Mittagesssen vom Krieg und später in extremen Formen der Religionsausübung. Die Mutter, sie arbeitete als Kantorin, indem sie bis heute unfähig zu jeglicher seelischen Empfindung ist und an der Stelle, wo andere Gefühle haben, sehr charmant ein hohles und künstliches Glücklichsein zur Schau trägt. Sie war die „Verrücktmacherin" in meinem Leben, denn ich habe sie sehr geliebt und gleichzeitig gehasst.

Heute weiß ich, dass diese innere Gefühlstaubheit meiner Mutter eine Persönlichkeitsstörung ist, die als Alexithymie bezeichnet wird. Die Betreffenden können bei sich und anderen keine Gefühle der Hilflosigkeit oder überhaupt seelischen Schmerz wahrnehmen, sie haben keine Fantasie oder inneren Bilder. Stattdessen müssen sie körperliche Missempfindungen oder Schmerzen ertragen. Bei unserer Mutter waren das chronische Kopfschmerzen und eine Reihe von Lebensmittel-Unverträglichkeiten im Magen-Darm-Trakt.

Als Hochsensible unter einer gefühlstauben Mutter aufzuwachsen, das musste schwierig werden. Und es wurde zum Verzweifeln schwierig! Denn unwissend, wie ich bis vor kurzem noch war, musste ich ihre Panzerung viele Jahre auf mich persönlich beziehen und konnte allgemein weniger Vertrauen in menschliche Nähe aufbauen.

Während sich unsere anderen beiden Geschwister möglicherweise besser gegen das Leid der Eltern abgrenzen konnten, müssen mein hochsensibler Bruder und ich diesen Schmerz unserer Eltern schon als Babys tief in uns aufgenommen haben. Wobei es meinem Bruder schon offenbar eher gelang, sich innerlich von diesem krank machenden System zu lösen. Mein starkes Gerechtigkeitsempfinden hingegen, ließ mich einfach zu verbissen daran festhalten, meiner Mutter ihre Lebenslüge bewusst zu machen, sei es auch um den Preis meines eigenen Lebensglücks. Es gab auch Versuche meinerseits, das Leben ganz zu beenden.

Natürlich bedauern mein Bruder und ich es sehr, dass wir mit unseren Eltern nie ein Gespräch auf erwachsener Ebene haben konnten. Der Vater starb schon früh und die Mutter ist inzwischen dement.

Es tut mir leid, dass ich so viel Zeit in die Aufarbeitung dieser Verstrickung investieren musste, denn das war vor allem die Zeit der Kindheit meines eigenen Sohnes. Und wenn er auch „gut geraten“ ist, so konnte ich doch nicht so für ihn da sein, wie ich es gerne gehabt hätte.

Andererseits habe ich als aufarbeitende hochsensible Person viel über das Leben als Mensch auf diesem Planeten erfahren und erfühlen können. Ich hatte das Privileg, die Verstrickungen und deren Aufarbeitung gemeinsam mit einem mir sehr ähnlichen Menschen teilen zu können, meinem ebenfalls hochsensiblen Bruder. Dies empfinde ich inzwischen auch wirklich als echten Reichtum. Es ist etwas, wofür ich unendlich dankbar bin. Wir konnten den ganzen Weg zusammen gehen, Erkenntnisse teilen und uns gegenseitig unterstützen. Und natürlich unsere Lebensfreude in der Musik ausdrücken. Bis heute machen wir Musik wenn wir uns sehen, auch mit meinem Sohn. Da geht die Post ab!

Somit kommen wir zur hellen Seite meiner Hochsensibilität. Sie besteht aus einer extremen Empfindsamkeit in Bezug auf Farben, Formensprache, Stimmungen, Poesie, Tönen, Stimmklängen, Tanz und Ausdrucksstärke überhaupt. Musik und Kunst als Tür zum Unsichtbaren. Eine eigene Musikschule führend, habe ich als Klavierspielerin unzählige Gesellschaften in Hotels und Kneipen mit und ohne Gesang unterhalten, andere Musiker und SängerInnen begleitet, mit Behinderten gesungen, mit Senioren getanzt, Theater – und Ausstellungsprojekte gestaltet (z. B. auch ein Synästhesieprojekt mit Kindern) und vor allem mit Menschen aller Lebensalter musiziert. Mein Gedächtnis für Melodien und Harmonien ist schier endlos, in meinen besten Jahren als Pianistin spielte ich etwa 250 Titel auswendig, was mir erlaubte, Stimmungen im Raum zu reflektieren und sanft anzuheben. Ebenso ist mir ein feines Gespür für das musikalische Talent und das Lebensgefühl meiner Schüler gegeben. Ich kann sie so zu Erfolgserlebnissen führen und es "herauskitzeln". Dies führte dazu, dass mir Schüler bis zu 10 und mehr Jahren treu blieben.

Viele Seiten meiner Hochsensibilität habe ich also trotz meiner Hindernisse mit viel Freude entwickelt und ausgelebt, was mich heute sehr zufrieden macht.

Weniger zufrieden bin ich mit meinem Beziehungsleben. Meine Hoffnung auf eine harmonische Partnerschaft ist oft enttäuscht worden, obwohl ich den Wunsch danach ehre und versuche, am Leben zu erhalten.

Für das bevorstehende Alter habe ich erst einmal den Plan, meine Erfahrungen mit Musik, die man unter dem Motto „Ein Klang verändert den Raum" zusammenfassen könnte, an die junge Generation weiterzugeben.

Die Arbeit mit den Klassen verlangt mir dabei einiges ab und kostet mich extrem viel Energie. Ich begegne dem, indem ich versuche, meine Stunden gründlicher vorzubereiten und in der Freizeit für Ausgleich zu sorgen. Dies mache ich mit Joggen, Yoga, Meditation, Schreiben und Malen. Noch habe ich die Hoffnung, dass ich da im Laufe der Zeit mehr Routine erwerbe. Gleichzeitig werde ich in absehbarer Zukunft vielleicht kürzer arbeiten und eventuell nebenbei eine beratende Tätigkeit ausüben. Aufklärung über Hochsensibilität wäre da durchaus eine Option.

In den Klassen erlebe ich es täglich. In jeder Klasse sitzen 3 bis 4 Hochsensible, halten den Mund und (ver)zweifeln vor sich hin. Und was geschieht? Entscheidungen werden von den Lauten gefällt. Das sehe ich als exemplarisch für die Gesellschaft. Dabei sang schon Konstantin Wecker: „Es sind nicht immer die Lauten stark, nur weil sie lautstark sind".

Welche Erkenntnisse und Erfahrungen möchtest Du mit anderen hochsensiblen Menschen teilen?

Wir hochsensiblen Personen haben jeden Grund dafür, selbstbewusst zu sein. Die Welt lebt von dem, was wir machen: Musik, Literatur, Theater, Film, Bilder etc. Ich bin der festen Überzeugung, die Menschen hätten sich schon lange gegenseitig ausgerottet, gäbe es nicht die Hochsensiblen, die einfach, indem sie in ihrer stillen Art anwesend sind, ausgleichend und friedensstiftend wirken.

Wir hochsensiblen Personen müssen aufhören, uns mit den Extrovertierten zu vergleichen und sein zu wollen wie sie. Es gibt nichts Peinlicheres, als wenn eine hochsensible Person versucht, einen auf coolen Extro zu machen. Auch das erlebe ich bei meinen Schülern täglich und es tut mir weh. Für eine hochsensible Person ist nun einmal die Ausrichtung auf das Unsichtbare das Wichtigste im Leben. Für die „Normalos“ ist es das auch, sie wissen es oft aber erst, wenn der Körper nicht mehr mitmacht. Sie leiden unterschwellig ebenso wie wir unter der heutigen Verdummung und seelischen Verarmung und suchen nach einem Sinn in dem allem. Sie tanken ihre Seele auf mit den „Produkten“ der Introvertierten und sie tun das vor allem indem sie fernsehen und fremde Träume konsumieren, aber auch durch Bücher, Ausstellungen und Theater sowie neuerdings auch in Klöstern und auf Fasten- und Achtsamkeitskursen. In meiner Wahrnehmung steuert die ganze Welt auf den Burnout zu, weil das lebensspendende Seelische immer mehr verdrängt wird von der materiellen Gier des Kapitalismus. Und so kommt uns hochsensiblen Personen darin die wichtige Rolle zu, der sogenannten Realität die wahre Wirklichkeit des Seelischen entgegenzusetzen. Was nicht immer leicht ist. Aber wir hochsensiblen Personen müssen uns entscheiden. Gehen wir in

Burnout und Depression oder mit unserer sensiblen Kraft und Stärke nach außen?

Selbstachtung zu entwickeln und aufzuhören, sich zu vergleichen, ist das Erste. Das Zweite ist, nicht mehr die Last eines jeden Mitmenschen auf uns zu nehmen. Und das fällt uns so schwer. Hier finde ich das „Lastenträgergebet“ von Christa Lüling in ihrem Buch über Hochsensibilität hilfreich, das daran erinnert, dass nur Gott es ist, der die Last unserer Mitmenschen tragen kann. Wir überschätzen uns, wenn wir so viel auf uns nehmen und uns für jedes Problem verantwortlich fühlen. Als Kind habe ich sogar einmal mein Taschengeld in die Schürzentasche meiner Mutter gesteckt, um sie zu unterstützen.

So, wie auch ich meiner Mutter irgendwann innerlich sagen musste: „Ich danke dir für das Geschenk des Lebens, ich achte dich, dein Schicksal und deine Entscheidungen und lasse deine Probleme bei dir, denn nur du kannst sie tragen. Ich stehe dafür nicht länger zur Verfügung.“ Wir müssen als hochsensible Personen lernen, uns abzugrenzen und „nein“ zu sagen. Was wiederum nur gut ausgeruht geht. Dass wir dafür mehr Zeit und Rückzug als andere brauchen, das müssen wir akzeptieren. Selbstannahme und -fürsorge ist das Zauberwort der Zeit. Und im Zuge dessen wahrscheinlich auch der Verzicht auf Ehrgeiz, Hochleistung und Ruhm.

Dies einzusehen ist nicht so schwer, wie die konsequente Umsetzung dieser Einsicht. Unser Bedürfnis, dazuzugehören und keinen Stress zu machen, ist so groß. Mir fällt das noch sehr schwer und ich „scheitere“ oft. Aber ich lerne dazu. Z.B. fange ich an, erst einmal so oft wie möglich „nein“ zu sagen oder mir einfach Bedenkzeit zu erbitten. Vom „vielleicht“ oder „nein“ zum „ja“

überzugehen, ist hinterher immer noch leichter als andersherum. Und man fängt bei den kleinen, banalen Dingen an und bei Menschen, die einem grundsätzlich wohlgesonnen sind. Das ist zur Zeit meine Übung.

Eine Gefahr sehe ich: Es sich in der Hochsensibilität bequem zu machen. Ich halte es hier wie beim Yoga, indem ich mich neugierig bewusst gegen meine Grenzen lehne und versuche, dabei erst recht entspannt zu bleiben. Und wie beim täglichen Yoga, wird der Aktionsradius mit viel Geduld allmählich größer, was zwar Mühe macht, aber auch ein Wohlgefühl und mehr Freiheit zur Folge hat.

So fahre ich heute z.B. auf buddhistische Kurse mit ein paar tausend Menschen und schaffe es, bis zu 3 Nächten in Turnhallen auf einer Isomatte gemeinsam mit vielen Menschen zu schlafen. Ich klebe mir auf die Silikon-Ohrstöpsel noch die MP3-Ohrhörer, um so akustische Einschlafhilfen zu nutzen, was die Teilnahme an diesen Großveranstaltungen, die mir andererseits auch viel bringen, sehr vereinfacht.

Zusammenfassung der wesentlichen Aussagen:

Für dieses Buch wurden 20 Menschen interviewt, die sich nach eigenem Erleben als hochsensibel bezeichnen. Die Auswahl folgte keinem bestimmten Muster. Es sind Menschen, die mein Interesse aufgrund Ihrer Gästebuch- oder Facebook-Einträge weckten oder mich aus eigenem Antrieb heraus anschrieben. Beteiligt sind Männer und Frauen im Alter zwischen 25 und 71 Jahren. Die Befragten befinden sich jeweils in unterschiedlichen Lebensphasen. Dies wurde aus den gegebenen Antworten genau so deutlich, wie die teilweise grundverschiedenen Wesenszüge. Einige der Befragten hadern mit ihrer Hochsensibilität, andere sind dankbar dafür. Einige führen ein nach außen offenes Leben, andere geben sich introvertiert. Der Tenor einiger Antworten ist pessimistisch, andere sind getragen von Freude. Schon dieser Rahmen ließ eine große Vielfalt des Erlebens und des Umgangs mit der besonderen Sensibilität erwarten.

Umso erstaunlicher ist es, dass trotz der aufgezeigten Bandbreite auffallend viele Gemeinsamkeiten zum Vorschein kamen. Es ist möglich, eine überspannende Betrachtung vorzunehmen und wiederkehrende Aussagen zu benennen. Dies soll im Folgenden geschehen.

Fast alle Interview-Partner suchen - bewusst oder unbewusst - einen Ausgleich abseits des Alltags. Hierbei nutzen sie die Stille der Natur. Sie wandern, klettern, reiten, gehen der Gartenarbeit nach oder fotografieren. Einige finden ihren Ausgleich auch über Meditations- und Konzentrationsübungen, die Körper und Geist gleichermaßen ansprechen. Auch künstlerische Hobbys wurden vielfach genannt. Betrachtet man die eher kleine Zahl von befragten Menschen, ist die Vielfältigkeit der genannten Interessen beachtenswert: Meditation, Yoga, Qigong, Bauchtanz, Singen, Malerei, Tanzen, Schauspielerei, Zeichnen, Nähen, Texten, Musizieren, Poesie und noch weitere. Die Interview-Partner bewerteten die jeweils gewählten Methoden wiederholt als hilfreich. So verbindet eine Interview-Partnerin anstrengende gesellige Unternehmungen mit energetischen Übungen, die sie im Vorfeld macht. Dies funktioniert gut. Lässt sie diesen Selbstschutz hingegen weg, wird sie leicht reizbar.

Nicht in gleichem Maße auftretend, dennoch auffällig, sind die geschilderten psychischen Probleme. Aufgrund der geringen Zahl der Interview-Partner kann hieraus dennoch keinesfalls ein verallgemeinerungsfähiger Rückschluss gezogen werden. Mehrere Interview-Partner beschreiben Störungen – aktuelle oder zwischenzeitlich überwundene, wie z.B. Panikattacken und Ängste, langjähriges Bettnässen in der Kindheit, azetonämisches Erbrechen, Bulimie, Magersucht, Mutismus und wiederholt Depressionen.

Die Befragten äußerten wiederholt, der oberflächlichen Gespräche und geselliger Belanglosigkeit überdrüssig zu sein. In der Gesamtschau ist den Antworten Tiefgründigkeit zu entnehmen. Befragte zeigen sich an Themen wie der Philosophie, Poesie oder Meteorologie interessiert. Insbesondere jedoch am Menschen. Seinen wahren Emotionen, Ängsten und Problemen und nicht der gesellschaftlich akzeptierten Vorgabe guter Laune.

Die hier Befragten gelangten auf unterschiedlichen Wegen zum Begriff „Hochsensibilität". Einige wurden von Bekannten darauf hingewiesen, andere erfuhren über Veranstaltungen davon. Viele fanden den Zugang zu diesem Thema über das Internet. Fast alle beschreiben eine große Erleichterung, als sie endlich einen Namen für ihr Erleben hatten. Eine Interview-Partnerin spricht von einer Offenbarung, vieles erklärte sich ihr nun. Es war für sie der Ausgangspunkt, sich so anzunehmen, wie sie ist. Eine andere schreibt, dass es sich anfühlte, als ob ein Schleier von ihrem Gesicht weggezogen wurde. Die meisten Interview-Partner teilen dieses oder ein ähnliches Gefühl.

Bei der Frage, woran die Interview-Partner ihre Hochsensibilität festmachen, kamen viele Aspekte zusammen. Wegen der Vielfalt und der Menge werden an dieser Stelle nur die Mehrfachnennungen zusammengefasst.

Ein hervorstechendes Merkmal ist die Wahrnehmung der Stimmungen anderer Menschen. Die Mehrzahl der Interview-Partner gibt an, sehr feinfühlig erkennen zu können, wie es dem Gegenüber geht. Diesen Umstand beschreiben die meisten als grundsätzlich positiv. Sie schätzen die Fähigkeit, setzen sie für sich oder andere ein, bis hin zur Anwendung im Beruf. Eine Befragte nutzt ihre Empathie zum Aufbau eines Vertrauensverhältnisses zu ihren Kunden und ist imstande, deren Wünsche frühzeitig zu erspüren. Eine andere schreibt, dass sie sofort merkt, wenn ihr jemand etwas vormachen will. Sie weiß, wie sich ihr Gegenüber fühlt. Die Feinfühligkeit benennen fast alle Interviewpartner jedoch auch als geeignete Quelle von Störungen. So „verheddert" sich eine Interview-Partnerin manchmal in den Gefühlen anderer und muss dort dann erst einmal wieder hinausfinden. Mehrfach beschreiben die Befragten die Gefahr, Stimmungen anderer zu übernehmen. So fühlen sich Interview-Partner krank, wenn sich das Gegenüber krank fühlt. Sie weinen, wenn der Gesprächspartner weint. Sehr eingängig ist die Aussage einer Hochsensiblen, der es umso schwerer fällt, sich emotional von einem Menschen zu distanzieren, je näher ihr diese Person steht. Viele Menschen in der Bevölkerung mögen diese Aussage teilen. Die mangelnde Fähigkeit sich im Alltag abzugrenzen ist dennoch besonders. So beschreibt sie im weiteren Verlauf eine Szene im Einkaufsmarkt, in der sie selbst die Emotionen fremder Menschen auf- und übernimmt. Eine weitere Interview-Partnerin schreibt davon. Menschen, denen sie bei geselligen Anlässen begegnet, „springen" in ihrem Kopf herum, mit all ihren Gedanken und Gefühlen.

Mehrere Interview-Partner führen an, Dinge voraussehen zu können. Sie können Menschen einschätzen und Entwicklungen im Vorfeld erahnen. Eine übergreifende Erklärung hierfür geben sie indes nicht ab. Eine Befragte „weiß die Dinge einfach". Andere teilen dieses Erleben. Diejenigen, die derartige Fähigkeiten benannt haben, setzen sie auch für sich ein und lassen Ahnungen in ihre Entscheidungen einfließen. Einige versuchen, sie auch ihrem Umfeld zugänglich zu machen und damit zu helfen. Ein Interview-Partner zeigt dabei die Grenzen möglicher Hilfestellungen auf. Ihn belastet es, wenn er ohnmächtig dasteht, weil es die Menschen nicht wahrhaben wollen. Er erntet oft Unverständnis und fühlt sich dann „wie ein Rufer in der Wüste".

Die Interview-Partner beschreiben neben der Wahrnehmung von Stimmungen und dem Erahnen von Entwicklungen vor allen Dingen eine besondere Sensibilität für die fünf „klassischen" Sinne des Menschen. Nicht jeder Hochsensible lässt sich hier gleichermaßen ein. Wenige benennen die körperlichen Sinne gar nicht, andere führen gleich mehrere auf. In der Gesamtschau decken die Befragten jedoch alle Sinne ab. So beschreibt etwa ein Interview-Partner eine besondere Sensibilität für das Hören, Sehen, Schmecken und Riechen. Eine andere Hochsensible zeigt die damit verbundenen Grenzen auf. Sie schreibt, dass sie keine scharf gewürzten Speisen verträgt und ihr auch Alkohol und Kaffee wenig bekömmlich sind. Eine weitere erträgt kein grelles Licht. Sie zieht dezente Beleuchtung im Raum vor, statt eines hellen Oberlichts. Überdies beschreibt sie eine besondere Berührungsempfindlichkeit.

Die besondere Reizwahrnehmung und –verarbeitung kann für einen einzelnen Sinn bereits herausfordernd sein. Eine gesteigerte Dimension ergibt sich jedoch im Zusammenwirken. Eindrucksvoll ist dies der aufgeführten Szene im Supermarkt zu entnehmen. Die Interview-Partnerin erlebt ein „zu viel" von allem. Zu viel Farbe, zu viel Bewegung, zu viele Geräusche, zu viele Gerüche und zu viele gefühlte Energien. Eine andere Befragte erlebt den Alltag ähnlich. Sie schreibt, dass sie alles, was an täglichen Sinneseindrücken auf sie einprasselt, nicht filtern und „abprallen" lassen kann. Ihr Gehirn „schaltet" dann einfach ab und stellt auf Durchzug. Mit der Folge, dass sie dann weder zuhören noch sich auf etwas konzentrieren kann. Sie erlebt es wie eine Jalousie, die dann runter geht.

Die Befragten nennen mehrfach den Umstand, sich ständig zu viele Gedanken zu machen. Eine Interview-Partnerin nervt es, wenn ihr Gesprächsfetzen nachhängen und sie Angst hat, Fehler gemacht zu haben. Eine andere wünscht sich, mehr im „Moment" zu sein, weniger nachdenken zu müssen. Eine weitere teilt dieses Problem, sie berichtet von ihren Grübeleien. Sie wünscht sich eine „dickere Haut". Die Gedankenketten können auch Auswirkungen auf die Art der Teilnahme in Gesprächen haben. Eine Hochsensible beschreibt, wie sie in Situationen ihren eigenen Gedanken nachhängt, weitere spinnt und dem Gespräch schwer folgen kann, welches unterdessen schon in eine andere Richtung fortgeführt wurde.

Eine besondere Belastung geht auch aus Menschenansammlungen hervor. Nach Besuchen in der Stadt, nach Feierlichkeiten oder sonstigen geselligen Anlässen benötigen viele der Interview-Partner eine Auszeit. Sie fühlen sich dann ausgelaugt und suchen in der Abgeschiedenheit die Regeneration.

Die Befragten benennen neben den tendenziell eher belastenden Reizen auch positive Aspekte. Eine Hochsensible freut sich über die Wahrnehmung von Gerüchen, Geschmäckern oder Geräuschen. Eine andere macht ihre

Hochsensibilität an besonders liebevollen Gefühlen fest. Dabei erfreut sie sich auch an Kleinigkeiten. Sie teilt diese Einschätzung mit einer Interview-Partnerin, die das intensivere Erleben, insbesondere der Liebe, hervorhebt. Eine weitere freut sich, wie bewusst sie Empfindungen erleben darf, die tief bis in ihre Seele wirken.

Die Interview-Partner benennen weitere individuelle Dinge, die nicht mehrheitlich geteilt werden. Beispielhaft ist die Herausforderung anzuführen, Gewalt in der Realität oder in Filmen zu ertragen sowie bei Ungerechtigkeiten, auch gegenüber Tieren. Ein weiteres individuelles Erleben ist die Enge und Luftnot beim Betreten des harten „unlebendigen" Bodens in der Stadt sowie in der Nähe von Neubauten aus Beton. Die einzelnen Interviews enthalten weitere Besonderheiten.

Wie eingangs dargestellt, gehen die Interview-Partner mit Ihrer Hochsensibilität höchst unterschiedlich um. Während es für einige mehr Segen als Fluch ist, hadern andere mit ihrer besonderen Sensibilität. Umso mehr erfreuen die vielen wertvollen Hinweise, die sich aus den Interviews ergeben. Die Befragten benennen umsetzbare Handlungsweisen und hilfreiche Einstellungen zur eigenen Hochsensibilität.

Die Interview-Partner sehen vor allem die Annahme und Akzeptanz der eigenen Sensibilität – mit all ihren Facetten – als Eingangsvoraussetzung zur persönlichen Lebenszufriedenheit an. Viele beschreiben, dass sie etliche Jahre Ihres Lebens versuchten „normal" zu sein. Es frustriert sie, wenn sie versuchen, als hochsensibler Mensch wie ein nicht hochsensibler Mensch leben zu wollen. Man sollte nicht gegen die Sensibilität ankämpfen. Zu akzeptieren, dass man nicht alles tun kann, hilft dabei. In dieser Hinsicht loslassen zu können, nimmt großen Druck aus den Erwartungen an sich selbst.

Es kann einer Befreiung gleich kommen, wenn es gelingt, die eigenen Einstellungen insoweit zu ändern. Weg von dem „Gegner“ Hochsensibilität, hin zur Integration als wesentlicher Teil der eigenen Person. Interview-Partner, denen dieser Schritt gelungen ist, leben heute einen achtsameren und an eigenen Bedürfnissen ausgerichteten Alltag. Sie haben das Karussell des geschäftstüchtigen Treibens verlassen und bestimmen ihr Tempo fortan selbst. Dass sie dabei manchmal Menschen aus dem beruflichen oder privaten Umfeld enttäuschen, nehmen sie aus gutem Grund in Kauf. Dieser „gesunde“ Egoismus hilft ihnen letztlich auch dabei den vermeintlich übergangenen Erwartungen des Umfelds zu begegnen. Erst wenn ein hochsensibler Mensch hinreichend auf sich achtet, schöpft er Kraft zur Pflege von Beziehungen. So schreibt auch eine Interview-Partnerin: „Denn nur wer gut zu sich ist, kann auch gut zu anderen sein“.

Einige Interview-Partner weisen darauf hin, dass man sich manchen Dingen jedoch auch stellen muss. Trotz aller Bemühungen um ein achtsames Leben. „Die Welt wird nicht so, wie ich sie brauche.“ Manches sollte man deshalb einfach ausprobieren und auch auf ungewohnten Gebieten weniger zögerlich sein. Solange man nichts erzwingen will, sondern bei einer Überforderung auch loslassen kann, ist dies eine beachtenswerte Empfehlung.

Hinsichtlich des gegenseitigen Verständnisses zwischen hoch- und nicht-hochsensiblen Menschen rät eine Befragte dazu, nicht die „Prinzessin auf der Erbse“ zu spielen. Es schreckt ab, wenn hochsensible Menschen Vergünstigungen verlangen und zu viel fordern. Diesen Gedanken haben auch andere

Interview-Partner. Sie geben den Hinweis darauf, dass die eigene Sensibilität mit Bedacht angesprochen werden sollte. Nicht jedes Gegenüber kann damit etwas anfangen. So gibt es schnell befremdete Blicke. Es muss auch nicht jede Äußerung von dritter Seite als Kränkung angenommen werden. Manchmal hört man auch die „Flöhe husten". Ein nicht-hochsensibler Mensch denkt mitunter in eine andere Richtung und geht von einer „normalen" Äußerung aus. Hilfreich ist es, den nicht-hochsensiblen Menschen offen zuzuhören. So kann man versuchen, ihre Gedankengänge nachzuvollziehen.

Eigene Belange mit Augenmaß anzusprechen und auch dem Gesprächspartner Raum zu geben, sollten jedoch nicht dazu führen, von den eigenen Bedürfnissen abzurücken. Ganz richtig schreibt eine Interview-Partnerin hierzu: „Schuld ist eine Erfindung des Menschen". So sollte man sich die „Schuldfrage" gar nicht stellen, auch wenn man Anfragen anderer mit „nein" beantwortet. Es ist wichtig, sich selbst verzeihen können, nachsichtig mit sich zu sein und ein enttäuschtes Gesicht ertragen zu können. Wenn man sich einmal zurückzieht und den Erwartungen des Umfeldes nicht entspricht, ist es befreiend, dies auszuhalten. Dieser Lernprozess ist eng an die Annahme der eigenen Hochsensibilität geknüpft.

Hochsensible beschreiben, dass sie immer wieder auf Pausen und kleine Auszeiten achten. Viele Unternehmungen können gleich von vornherein so geplant werden, dass es die Chance gibt, sich auch einmal zurückzuziehen. So können etwa die übrigen Familienmitglieder eine kleine Exkursion wahrnehmen, während sich die hochsensible Mutter für eine Stunde in einen Park oder an eine sonstige ruhige Örtlichkeit begibt. Gelingt dies aufgrund der Rahmenbedingungen nicht, etwa im beruflichen Kontext, bieten sich Mini-Auszeiten an. Der Kreativität sind dabei keine Grenzen gesetzt. Einer

Interview-Partnerin reichen hierzu bewusst gesetzte 2-3 minütige Pausen aus. So nimmt sie für einen kurzen Moment Abstand und minimiert die Außenreize. Denkbar wären z.B. kurze Spaziergänge in Pausen oder – soweit möglich – das kurze Verlassen von Konferenzen unter dem Vorwand einen Anruf erhalten zu haben. Die Auszeiten können mit körperlichen und mentalen Entspannungstechniken gefüllt werden. Auf diese Weise wird die Regeneration aktiv unterstützt. Welche Methode bestenfalls zum Einsatz kommt, hängt von den individuellen Vorlieben der jeweiligen Person ab.

Einen sehr interessanten Ansatz bietet eine der befragten Hochsensiblen. Sie deutet ursprünglich belastende Reizhäufungen positiv um. Sie stellte fest, dass die Gefühle, die sie in Menschenmengen ständig überkommen eigentlich nicht ihre sind, sondern der Umwelt entspringen. Mit dieser Erkenntnis ist es ihr möglich, die Eindrücke zu genießen. Nun empfängt sie in Menschenmengen ein „Kribbeln“ und nimmt ein angenehmes „Gefühlsbad“. Diese Methode ist den Versuch einer Nachahmung wert.

Die Befragten weisen auf die besondere Bedeutung der richtigen Berufswahl hin. Darin verbringt man sehr viel Zeit. Steht er nicht im Einklang mit den eigenen Bedürfnissen, laugt er den Menschen aus. Positiv formuliert, bietet der Beruf die Chance, den eigenen Fähigkeiten und Interessen Raum zu geben. Mehreren Interview-Partnern ist der Schritt in einen passenden Beruf gelungen. Sie können nun beispielsweise ihre Kreativität ausleben oder ihren empathischen Fähigkeiten entsprechend mit Menschen arbeiten. Der Weg, etwa von einem Angestelltenverhältnis hin zur Selbständigkeit, ist oftmals durch finanzielle Abhängigkeiten erschwert. So steinig der Weg auch ist, so lohnend kann er für das weitere Leben sein. An dieser Stelle verbietet sich jedoch eine Empfehlung zum „einfach mal ausprobieren“, schließlich sind dies existenzielle Fragen. Die Entscheidung für oder gegen einen bestimmten beruflichen Werdegang wird jeder (hochsensible) Mensch nach eigener Bewertung treffen müssen.

Es kann hilfreich sein, Kontakt zu anderen hochsensiblen Menschen zu suchen. Zu erkennen, dass man nicht alleine ist, hat eine erleichternde Wirkung. Eine ungleich größere Dimension dieses Gefühls kann sich aus dem persönlichen Austausch ergeben. Ganz allgemein gilt die Empfehlung sich, soweit möglich, mit Menschen zu umgeben die einem gut tun.

Wiederholt bekräftigten die Interview-Partner, dass man einen gesunden Egoismus bei der Wahrnehmung der eigenen Belange entwickeln sollte. Einige berichten, dass mit dem Älterwerden eine zunehmende Gelassenheit eintritt. Es gelingt dann immer besser, gut für sich zu sorgen.

15 Praxistipps:

Wie bereits in der Zusammenfassung deutlich wurde, bringen die Interview-Partner ein enormes Wissen und einen großen Erfahrungsschatz mit. In vielen Lösungsansätzen und -konzepten fand ich mich wieder. Andere sprachen mich aufgrund ihrer Nachvollziehbarkeit und/oder Einfachheit an.

Ob jeder Leser zu den gleichen Schlüssen kommen würde, vermag ich nicht zu sagen. Ich habe meine Eindrücke dennoch zu 15 Praxistipps zusammengefasst. Sie können nur Überblick und Anregung sein, als allgemeingültige und für jeden Hochsensiblen passende Empfehlung sind sie nicht gedacht.

- **Annehmen und Integrieren**. Nehmen Sie die eigene Hochsensibilität für sich an! Integrieren Sie sie in Ihre Persönlichkeit und in Ihren Alltag – sie ist ein Teil von Ihnen!
- **Auszeiten nehmen**. Suchen Sie sich einen Ausgleich – am besten in der Natur oder einem anderen für Sie erholsamen Ort. Nutzen Sie Techniken wie autogenes Training, Qigong oder Meditation, um diese Auszeiten in ihrer Wirkung zu verstärken. Planen Sie auch im Alltag und bei anstrengenden Unternehmungen kleine Pausen ein.
- **Abgrenzen**. Nutzen Sie Ihre Fähigkeiten, beispielsweise die Stimmungen anderer wahrnehmen zu können, positiv (Empathie)! Achten Sie darauf, dass sie die Stimmungen jedoch nicht für sich übernehmen. Machen Sie sich bewusst, dass es die Stimmungen der anderen sind und grenzen Sie sich von ihnen ab!
- **Ausprobieren**. Haben Sie Mut, versuchen Sie auch ungewohnte Dinge zu tun! Machen Sie es sich in Ihrer Hochsensibilität nicht zu bequem. Hören Sie dabei in sich hinein und erspüren Sie Ihre Grenzen.
- **Lachen**. Verlieren Sie nicht Ihren Humor. Über die eigenen Sonderbarkeiten zu schmunzeln oder zu lachen ist heilsam und wirkt entkrampfend.
- **Ansprechen**. Ermöglichen Sie Verwandten und Freunden Sie (besser) zu verstehen – sprechen Sie über Ihre Sensibilität! Seien Sie dabei darauf gefasst, dass nicht jeder Gesprächspartner gleichermaßen dafür offen ist und überfordern Sie ihn nicht.
- **Maß halten**. Akzeptieren Sie auch die Grenzen Ihres Umfelds. Nicht jeder kann und/oder möchte Ihnen und Ihren besonderen Bedürfnissen gerecht werden. Zuviel zu fordern könnte arrogant und grenz-

überschreitend auf andere wirken. Bleiben Sie auch hier soweit möglich bei sich.

- **„Nein" sagen**. Lernen Sie Ihre eigenen Bedürfnisse zu beachten und umzusetzen! Sie müssen dabei nicht alle Erwartungen aus Ihrem Umfeld erfüllen.
- **Verzeihen**. Seien Sie nachsichtig mit sich, wenn Sie mal jemanden „enttäuschen". Auch wenn Sie den Erwartungen anderer mit Ihrem Verhalten nicht entsprechen, laden Sie sich dafür keine Schuldgefühle auf!
- **Im Jetzt leben**. Versuchen Sie, weder ihre Vergangenheit über die Maßen mitzuschleppen, noch auf eine entfernte Zukunft zu hoffen. Das Leben ist zu kurz. Und es ist keine Generalprobe für den zweiten Anlauf.
- **Dran bleiben**. Stellen Sie sich Ihren „Dämonen". Verschließen Sie nicht die Augen. Wenn Sie Hilfe brauchen, holen Sie sich Hilfe. Ohne sich davon abhängig zu machen.
- **Positiv umdeuten**. Versuchen Sie negative Einflüsse positiv umzudeuten! Erleben Sie Außenreize als interessierter Beobachter. Nehmen Sie ein „Gefühlsbad".
- **Kontakt suchen**. Suchen Sie Kontakt mit anderen hochsensiblen Menschen und tauschen Sie sich mit ihnen aus. Umgeben Sie sich mit Menschen, die Ihnen gut tun.
- **Berufliche Alternativen prüfen**. Haben Sie das Gefühl, Ihr derzeitiger Beruf steht mit Ihrer Hochsensibilität im Widerspruch? Überlegen Sie, was Sie am liebsten tun würden! Prüfen Sie, ob es geeignete Alternativen gibt!

- **Selbstwertgefühl.** Vergegenwärtigen Sie sich, dass Sie wertvoll sind – egal wie „leistungsfähig“ Sie sind. **Wie heißt es so schön: Seien Sie Sie selbst - alle anderen gibt es schon!**

Interview mit Jutta Böttcher – „Aurum Cordis“

Jutta Böttcher leitet das Institut „Aurum Cordis“, ein Zentrum für hochsensible Menschen in Hamburg. Sie geht in dem Interview darauf ein, welchen Stand das Thema Hochsensibilität aus ihrer Sicht in der Wissenschaft und öffentlichen Wahrnehmung heute hat. Sie zeigt überdies Wege auf, wie sich das Leben mit der Erkenntnis der eigenen Hochsensibilität gestalten lässt und welche Hilfen dabei gegeben werden können.

Was möchten Sie über sich erzählen?

Mein Name ist Jutta Böttcher. Ich bin 57 Jahre alt und lebe mit meiner Familie in Buxtehude, einer kleinen Stadt im Alten Land zwischen Hamburg und Bremen.

Vor fast sechs Jahren habe ich „Aurum Cordis“ als bundesweit erstes Kompetenzzentrum für Hochsensible Menschen gegründet. Seither bestimmt die Arbeit mit hochsensiblen Erwachsenen und Familien mit hochsensiblen Kindern sowie viel, viel Arbeit rund um die weitere Entwicklung des Zentrums mein Leben in einer ungeahnten Intensität.

Wie kamen Sie zu der Gründung des Zentrums?

Da kamen ganz unterschiedliche Faktoren zusammen.

Zum einen ging es mir persönlich genau so wie vielen anderen, die heute zu mir kommen. Ich hatte eine lange Leidensgeschichte mit einigen chronischen körperlichen Beschwerden. Als ich über das Buch „zart besaitet" stolperte, wurde mir schlagartig klar wie viel diese Beschwerden mit meiner starken Wahrnehmungsfähigkeit zu tun hatten.

Meine beiden Kinder waren auch immer „anders" - mit ihnen konnte ich früh über die Grundfragen des Lebens sprechen, wofür sie wenig Verständnis bei ihren Lehrern und Mitschülern ernteten. Es war wichtig zu erkennen, dass sie Kinder bleiben sollten, auch wenn ihre reifen Seelen sich als angemessener Gesprächspartner in der Erwachsenenwelt zur Verfügung stellen konnten.

In 14 Jahren Elternarbeit an den unterschiedlichen Schulen meiner Töchter bin ich immer wieder für diese Balance eingetreten. Während dieser Zeit machte ich gleichzeitig eine langjährige Ausbildung in spiritueller Wegbegleitung, Innerem Feng Shui sowie Geomantie und beschäftigte mich mit Astrologischer Psychologie.

Darüber „professionalisierte" sich meine Wahrnehmung. Ich lernte den inneren Informationen zu vertrauen. Immer stärker empfand ich darüber die Diskrepanz zwischen inneren Impulsen, die Menschen leben möchten und der Art von Erfolgs- und Leistungsorientierung in Schule und Beruf.

Die vielen Gespräche mit Eltern, Lehrern und Schülern lehrten mich das Ausmaß der Erleichterung zu spüren, wenn es mir gelang, den Raum für die Begegnung von Mensch zu Mensch zu öffnen, um eine Lösung außerhalb der im System verankerten Rollen anzustreben.

Es war, als ob in diesem diskreten und geschützten Raum die Menschen als Ganzes wieder anwesend wurden und ich erkannte das krank machende Ausmaß von Selbstverleugnung, zu dem wir in unseren Systemen neigen.

In mir wuchs die Sehnsucht, einen Beitrag zu einer Form von Bildung zu leisten, die nicht einseitig den Intellekt in den Fokus nimmt, sondern Empathie, Beziehungs- und Gemeinschaftsfähigkeit als ebenso wichtig für das Leben erachtet.

Parallel musste ich als „sensation seeker" anerkennen, dass mein mangelndes Bewusstsein über die für mich passende Reizschwelle ihren Tribut forderte. Wiederum machte ich mich auf die Suche nach Therapeuten, die mir helfen konnten- und ich war es zunehmend leid, mich immer wieder legitimieren zu müssen, warum ich bestimmte Therapien einfach nicht machen konnte.

Mir eilte der Ruf voraus, eher in die Ecke des Hypochonders zu gehören und meinen Krankheitsgewinn zu pflegen - eine Haltung, die mich heute noch wütend werden lässt.

Irgendwann war es dann soweit und ich war fest entschlossen, all die Erkenntnisse, die das Leben mir geschenkt hatte, nun auch wirksam werden zu lassen.

So rief ich „Aurum Cordis“ ins Leben, weil ich mit den Hochsensiblen mit den Spezialisten für Empathie, Beziehungs-und Gemeinschaftsfähigkeit arbeite; weil ich mit vielen von ihnen das „Paradies – Gen“ teile, in der Überzeugung, dass es Zeit ist für eine andere Art von Erfolg: Erfolg basierend auf einem reifen Miteinander! Weil es Zeit ist, die Odyssee zu beenden, die Hochsensible von Therapie zu Therapie treibt und den Rest ihrer authentischen Selbstwahrnehmung unterminiert.

Und vor allem ist es Zeit, die wahrnehmungsstarken Kinder unserer Zeit auf dem Weg in ihre Kraft zu unterstützen, anstatt sie einem chronisch pathologischen Blick anheim fallen zu lassen!

Wo liegen die Schwerpunkte des Zentrums?

„Aurum Cordis“ bietet Beratung für Familien mit hochsensiblen Kindern, HSP-Coaching für den hochsensiblen Erwachsenen sowie Berufscoaching

Konnten Sie in den letzten Jahren eine veränderte Nachfrage bezüglich der Angebote Ihres Zentrums feststellen?

Lange Zeit haben wir vor allem Menschen mit langen und schweren Leidensgeschichten bei uns gehabt, für die Leistungen aus dem therapeutischen Netzwerk von „Aurum Cordis“ oft eine entscheidende Wende eingeläutet haben.

Mit zunehmender Bekanntheit des Phänomens Hochsensibilität stellen sich immer mehr Menschen die Frage, wie es sich damit gut leben und was sich damit bewirken lässt. Dafür sind unsere Fortbildungen sehr wichtig, aber auch gezieltes Coaching.

Die Geschichte der Familien und Kinder bewegt sich zwischen diesen beiden Polen. Daher beinhaltet die Familienberatung sowohl einen fachlich immer versierter werdenden Blick auf die „Energie-Lecks" der Kinder wie auch auf die Möglichkeit, ihre Gaben ganz gezielt zu fördern.

Das geht nie ohne die Bereitschaft der Eltern, sich selbst tief zu reflektieren. Häufig sind die Symptome der Kinder der Wegweiser zum blinden Fleck in der Familie. Das gilt für alle Kinder, für die hochsensiblen jedoch noch in einem weitaus intensiveren Ausmaß.

Besondere Bedeutung hat bei uns die körperorientierte Trauma-Arbeit erlangt, die von einer überaus erfahrenen, sensitiven und fachlich versierten Trauma-Therapeutin geleistet wird. Im Laufe der Zeit haben sich die Überschneidungsbereiche in den Reaktionen eines hoch erregbaren autonomen Nervensystems gezeigt, die sowohl Folge einer Überreizung des hochsensiblen Menschen wie auch Ausdruck eines Traumasogs sein können.

Hochsensible Menschen neigen dazu, sich vor den Reaktionen ihres fein reagierenden Körpers eher zu fürchten als sie für sich nutzen zu können. Es ist daher umso wichtiger für sie, zu erkennen, dass gerade in der feinen Körpersprache der Schlüssel zu einem souveränen Umgang mit den Auswirkungen feiner Wahrnehmung (wie sie sich auch als Folge einer frühen Traumatisierung bilden kann) liegt.

Entwickeln sich aktuell neue Arbeitsschwerpunkte, erschließen Sie bisher unbearbeitete Bereiche?

Wie schon erwähnt tragen viele Hochsensible das sog. „Paradies-Gen“ in sich, d.h. die feste Gewissheit, dass es einen Sinn für ihr Erdenleben gibt, den es herauszufinden und zu leben gilt.

Darin liegt ein ungeheures Kraftpotential, das sich im Arbeitsprozess erschließen lässt und zu ungewöhnlichen Lösungen bei unternehmerischen und betriebswirtschaftlichen Prozessen beiträgt.

In Monaten harter Arbeit haben wir aus den Erkenntnissen, die uns die Arbeit mit hochsensiblen Menschen geschenkt hat, einen ganz eigenen beruflichen Coaching-Prozess wie auch Unternehmensberatungsprozess entwickelt, den wir künftig in der „Aurum Cordis“ Unternehmensberatung anbieten werden.

Wie bewerten Sie aktuell die wissenschaftliche Aufbereitung des Themas Hochsensibilität?

Ich glaube, dass man zwischen dem Stand wissenschaftlicher Aufbereitung in Deutschland und den USA sowie Canada unterscheiden muss. In vielerlei Hinsicht stützen wir uns in Deutschland auf empirische Beobachtungen und die übersetzten Forschungen von Elaine Aron, die in der uns vorliegenden Form einem breiten Publikum zugänglich sind. Das reicht nicht aus. Hier gilt es noch Einiges an Hausaufgaben nachzuholen.

Wie groß das Bedürfnis der Menschen ist, über wissenschaftliche Erkenntnis sich nun endlich wieder die Erlaubnis geben zu können, sich als fühlende, empathische und wahrnehmende Wesen in allen Bereichen ihres Lebens zeigen zu dürfen, mag die Tatsache verdeutlichen, dass die Ergebnisse einer kleinen Studie, auf die Elaine Aron hingewiesen hat, in kürzester Zeit große Aufmerksamkeit in der internationale Presse und Fachpresse fanden.

Einige Wissenschaftler der Stony Brook University, unter ihnen Dr. Arthur Aron, fanden mittels MRT-Untersuchungen heraus, dass im Gehirn hochsensibler Menschen beim Anblick eines traurigen oder freudigen Gesichtsausdrucks ihrer Lebenspartner klar umrissene Bereiche, die im Zusammenhang mit Bewusstsein, Aufmerksamkeit, Empathie und der Fähigkeit zur Integration fremder Informationen in das eigene System stehen, stärker durchblutet wurden. Obwohl die Gruppe der Probanden mit 18 verheirateten Teilnehmern sehr klein war, war die Übereinstimmung und damit Eindeutigkeit der Ergebnisse überraschend und damit aussagefähig.

Damit gibt es das erste Mal einen physiologischen Beweis für die „Andersartigkeit" der Reizverarbeitung im Gehirn hochsensibler Menschen. Die Ergebnisse der Studie wurden in dem Journal „Brain und Behaviour" veröffentlicht.

Hochsensible „ticken" also wirklich anders und da sich diese Art der Reizverarbeitung auf mehr als 100 Arten zu beziehen scheint, stellt sich einmal mehr die Frage, welche evolutionsgeschichtliche Funktion sich dahinter verbirgt, der wir uns nicht entziehen können.

Ich würde mir daher sehr wünschen, dass sich noch weit mehr Ärzte, Therapeuten unterschiedlicher Fachrichtungen, Pädagogen usw. mit ihrem Fachwissen einen Transfer zum Thema der Hochsensibilität herstellen.

Welchen Stand hat das Thema Hochsensibilität aus Ihrer Sicht in der öffentlichen Wahrnehmung?

Hochsensibilität wird immer bekannter. Allerdings ist es nun wichtig darauf zu achten, dass es nicht zu einem Konzept wird, das jede Art von „Besonderheit" legitimiert. Wenn Menschen beginnen, sich auf ihrer „Besonderheit" auszuruhen, werden sie die Gaben der Hochsensibilität nur wenig entwickeln können.

Ich freue mich auf der anderen Seite jedoch sehr, dass man sich jetzt offen dazu bekennen kann, ohne gleich als „Weich-Ei" und damit potentieller Versager angesichts unserer der gültigen Erfolgsmaßstäbe unserer Gesellschaft zu gelten. Da tut sich etwas sehr Wichtiges!

Gibt es typische Herausforderungen für hochsensible Menschen, auf die Sie in Ihrer Arbeit immer wieder treffen?

Typische Herausforderungen für hochsensible Menschen liegen von klein auf an in dem Konflikt zwischen Systemzugehörigkeit und persönlicher Authentizität. Welche Anforderungen stellt die Rolle in Familie, Kindergarten, Schule und Beruf an die Person und inwieweit lassen diese sich mit dem tief innerlich empfundenen Sein in Übereinstimmung bringen?

Da sind die Eltern sehr gefordert, die ihrerseits in diesem Konflikt stehen und sich schon früh mit der eigenen Angst konfrontiert sehen, dass ihr Kind „so“ bestimmt keinen Anschluss, keinen Schulabschluss und auf gar keinen Fall einen Job finden wird. Ich kann diese Eltern sehr gut verstehen und es braucht viel Unterstützung darin, sie zu der Kraft zu ermutigen, die ihr Kind gerade aus der stabilen Beziehung zu ihnen für seine gesunde Entwicklung schöpfen kann.

Es ist nicht zwingend notwendig, an der feinen Wahrnehmungsfähigkeit zu „leiden“, man kann sehr gut damit wachsen!

Als Folge dieses Konfliktes haben viele Erwachsene die feinen Signale, die sie aus ihrem System erhalten, zu überhören gelernt. Dabei sind diese ein so sicherer Navigator durch das Lebenschaos. In unseren Fortbildungen wie z.B. zum „Aurum Cordis“ Gesundheitscoach Hochsensibilität gibt es darum ein mehrmonatiges Grundmodul, das den eigenen Prozess im Umgang mit der feinen Wahrnehmung in den Vordergrund stellt. Dabei lernen die Teilnehmer ihre somatischen Marker wieder kennen und in Entscheidungssituationen nutzbringend einzusetzen. Sie gewinnen an Klarheit und Selbstwirksamkeit. Häufig erfahren damit vormals als sehr belastend wahrgenommene körperliche Signale eine wertvolle Umdeutung als richtungsweisendes Element.

Wie lässt sich eine Hochsensibilität eigentlich feststellen? Woran machen Sie diese fest?

Inzwischen gibt es Fragebögen, die z.B. Elaine Aron veröffentlich hat und die auch in den Foren oder auf der Seite von „zart besaitet“ zu lesen sind.

Für mich ist es immer wichtig, mich im persönlichen Gespräch an die spezielle Form der Wahrnehmung meines Gegenübers heran zu fragen.

Eine wichtige Aussage, die fast alle mitbringen und die mich zu Beginn meiner Arbeit in ihrer Übereinstimmung sehr überrascht hat, war der Satz: „ich war schon immer anders.“ Diese Andersartigkeit bezieht sich in der Regel darauf, dass man bestimmte Dinge, die für andere ganz normal waren, einfach nicht teilen konnte wie z.B. lange Partys in lauter Umgebung, lang anhaltender und oberflächlicher Small-Talk, Arbeit in Großraumbüros, ständige Konferenzen und Gruppenarbeit, Streit zwischen Familienmitglie-dern oder Kollegen, Aushalten von offensichtlicher Ungerechtigkeit.

Vernetzte Wahrnehmung schenkt auch ein Bewusstsein darüber, dass wirklich alles miteinander verbunden ist. Nicht selten habe ich darum Kinder bei uns, die das Abpflücken einer Blume als eigenen körperlichen Schmerz erleben und damit schon im Kindergarten „anders“ sind. Daraus erwächst häufig eine frühe natürliche Spiritualität, die die Kinder reifer als die Zahl ihrer Lebens-jahre erscheinen lässt.

Sie stellen sehr früh Fragen nach dem Sinn des Lebens, weil sie dieses „Netz“ zutiefst empfinden. Ein solcher Tiefgang ist für Jugendliche, bei deren Altersgenossen es um ganz andere Dinge geht, schwer auszuhalten. Dann, wenn die Familie an Bedeutung verliert und die Zugehörigkeit zu einer Gruppe wichtiger wird, wird es für sie oft sehr schwer. Sie fühlen sich nicht selten von den rohen Umgangsformen z.B. in der Schule so abgestoßen, dass sie den Schulbesuch nicht aushalten.

Ich freue mich sehr, dass fachlich sehr kompetente Kolleginnen zur Zeit damit beginnen, Sommercamps für diese Jugendlichen anzubieten, so dass sie in ihrer Art von Wahrnehmung wieder die Möglichkeit erhalten, sich in einer Gruppe Gleichaltriger akzeptiert fühlen zu können.

Ein weiteres wichtiges Merkmal, das für viele Probleme sorgen kann, ist der aus der vernetzten Wahrnehmung geborene enorme Leistungsanspruch an sich selbst. Er legt den Grundstein für die leichte Verletzlichkeit und Beschämung vieler hochsensibler Menschen, die viel Leid, Selbstverleugnung und Selbsthass nach sich ziehen kann.

Sind Männer weniger sensibel?

Männer sind sicher nicht weniger sensibel. Sie brauchen nur noch mehr Mut als die Frauen, sich auch dazu zu bekennen! Dem steht nicht nur der gesellschaftliche Erfolgsmaßstab entgegen, sondern zum Teil auch noch überkommende Sätze aus der elterlichen Erziehung wie z.B. „Männer weinen nicht“ oder „ein Indianer kennt keinen Schmerz.“

Ich freue mich sehr über jede Begegnung mit einem authentischen Mann, der auf dem Wege ist, sich zu seinen weiblichen und männlichen Anteilen zu bekennen. Darin erlebe ich eine „Größe“, auf die ich als Frau schon so lange gewartet habe.

Gibt es typische Stationen im Leben hochsensibler Menschen?

Übergänge im Leben sind für viele hochsensible Menschen nicht einfach zu handhaben. Das beginnt mit dem Schritt in den Kindergarten, mit der Schule und Schulwechsel und setzt sich fort mit den Stationen des Berufslebens oder auch mit Veränderungen in der neu gegründeten Familie z.B. durch die Geburt eines Kindes.

Zunehmend haben wir auch sehr erfolgreiche Menschen in der Beratung, die sich die Frage nach dem inneren Erfolg stellen. Mit ihrem feinen Gespür sind sie auf der Suche nach Erfüllung im Leben. „Das kann es noch nicht gewesen sein“ oder „ich möchte andere Spuren hinterlassen“, sind wichtige Sätze, die diese Menschen charakterisieren.

Mit welcher Motivation kommen Menschen zu Ihnen?

Menschen kommen in dem Anliegen, sich einerseits in ihrer Hochsensibilität erkannt zu fühlen und zum anderen, um unter Umständen eine Einordnung ihrer Probleme sowie neue Lösungsansätze dafür zu finden.

Wie können Sie Menschen dabei helfen, ihren Leidensdruck zu lindern?

Das Wichtigste an meiner Arbeit ist, diese Menschen, die sich zum Teil lange selbst verleugnet haben, an die Kraft ihres heilen Kerns zu erinnern und sie zu ermutigen, in jeder Situation auf die innere Stimme, mit der dieser sich mitteilt, zu vertrauen.

In den Beratungsgesprächen stelle ich meine geschulte Wahrnehmung und meine lange Erfahrung aus den Beratungen zur Verfügung. Ich biete den Menschen die inneren Bilder an, die sich mir darin zeigen. Ich frage sie, ob diese Bilder in Resonanz mit ihrem Inneren gehen. Daraus öffnet sich in der

Regel ein ganz neuer Raum. Er zeigt eine andere Ebene auf. Wir nennen unsere Arbeit darum auch die Arbeit mit der Kraft des Heilsamen Raumes. Daraus ergeben sich in der Regel die nächsten Schritte. Da kann es sein, dass schon dieses eine Gespräch gereicht hat. Es ist aber auch möglich, dass sich die Gespräche fortsetzen oder aber ein anderer Experte aus dem therapeutischen Bereich sinnvoll sein kann. Dabei darf ich inzwischen auf einen wachsenden Kreis von fachlich sehr versierten Menschen zählen.

Welche positiven Merkmale der Hochsensibilität können Sie hervorheben?

Ich schätze an hochsensiblen Menschen ganz besonders ihre Fähigkeit, von einer anderen Ebene aus auf die Ereignisse ihres Lebens zu blicken, um aus dieser übergeordneten Perspektive die Sinnhaftigkeit der Geschehnisse zu erfassen.

Es sind empathische und oft visionäre Menschen, die sich einfach nur erlauben dürfen, diese Visionen auch Wirklichkeit werden zu lassen. Damit erschließt sich für alle Beteiligten ein großes Kraftpotential, das bisher in der angstvollen Verweigerung gebunden war.

Kreativität und die Fähigkeit, ganz ungewöhnliche Lösungen zu immer wiederkehrenden Fragen und Problemen zu finden, zeichnet hochsensible Menschen aus.

Sie haben einen großen Respekt und tiefe Liebe für die Natur und alles Göttliche, das sich darin zeigt. Die natürliche Spiritualität bietet die Chance auf Verbundenheit, Liebe und Vertrauen, ohne dass man sich lange vorher kennen müsste.

Was wünschen Sie sich von anderen Menschen oder Organisationen, bezogen auf den Umgang mit dem Thema Hochsensibilität?

Da gibt es für mich nur wenig zu sagen: Akzeptanz und Wertschätzung für eine Form von Intelligenz, die geeignet ist, viele Probleme unserer Zeit zu lösen!

Anhang:

Feststellung der Hochsensibilität:

Die Feststellung der eigenen Hochsensibilität ist ein schwer zugänglicher Bereich. Anders als ein gebrochenes Bein, lässt sich eine besondere Sensibilität nicht an gleichermaßen skalierten Merkmalen festmachen. Es ist nicht ohne weiteres erkennbar, dass die Wahrnehmung von Sinneseindrücken bei der einen Person besonders intensiv ist und bei einer anderen nicht. Die Beschreibung der eigenen Sensibilität ist höchst subjektiv. Zur Bestimmung der Hochsensibilität bräuchte es jedenfalls ein Verfahren, welches eine belastbare Vergleichbarkeit gewährleistet. Dabei können die geschilderten Wahrnehmungen der Person ein geeigneter Einstieg sein, ebenso wie die Auswertung verschiedener Tests. Es müsste sich jedoch eine vertiefende Auseinandersetzung mit der Person anschließen.

In diesem Buch kommen Menschen zu Wort, die sich nach eigenem Erleben als hochsensibel beschreiben. Eine Bestätigung dieses Umstands, die wissenschaftlichen Standards gerecht würde, ist nicht eingeholt worden. Sie ist für dieses Buch auch entbehrlich. Das Buch soll von Erfahrungen und Umgangsweisen berichten, die einen Bezug zur individuellen Reizwahrnehmung und Reizverarbeitung haben. Die Subjektivität der Schilderungen der Interviewpartner ist gerade gewünscht. Es macht für den hier angestrebten Erkenntnisgewinn keinen Unterschied, ob ein Mensch nach wissenschaftlichen Gesichtspunkten als hochsensibel zu klassifizieren ist, oder ob er sich lediglich an der Grenze hierzu bewegt. Aus den Darstellungen zum Umgang mit Bereichen, die der selbst erlebten Sensibilität unterworfen sind, lassen sich in beiden Fällen Erkenntnisse ziehen.

Auch wenn die Feststellung der Hochsensibilität komplex ist und nicht anhand von nur einigen Fragen beantwortet werden kann, findet das vorliegende Buch seinen Ursprung dennoch in einem solchen (online-) Test. Vor einigen Jahren bin ich eher zufällig über den Begriff der Hochsensibilität gestolpert. Ich habe recherchiert und mich in den Beschreibungen hierzu in vielerlei Hinsicht wiedergefunden. Neben dieser Erkenntnis gewann ich jedoch auch den Eindruck, dass das Thema Hochsensibilität in der öffentlichen Wahrnehmung noch präsenter werden sollte. Ganz offensichtlich war ich nicht der einzige Suchende und auch andere fanden nicht auf Anhieb die passenden Antworten. Ich folgte meinem Bedürfnis, mich an der Verbreitung des Themas zu beteiligen und stellte die Seite www.hochsensibel-test.de ins Internet. Die Verknüpfung mit einem Test wählte ich nach einer Auswertung der Suchanfragen bei Google. Die Suche nach einem Test treibt die meisten Anfragenden um. Diese Art des Einstiegs ins Thema erschien mir auch schlüssig. Ob die im Internet angebotenen online-Tests nun wissenschaftlich sind oder nicht: sie sprechen jedenfalls die verschiedenen Facetten an, die bei einer Hochsensibilität beleuchtet werden können. Bei der Betrachtung der eigenen Sensibilität können sie eine Hilfe sein und die Reflektion auf relevante Bereiche lenken. Die erreichte Punktzahl ist dann eher zweitrangig. Die Tür zur vertiefenden Auseinandersetzung mit der eigenen Person ist mit dem Beleuchten der verschiedenen Bereiche geöffnet.

In diversen Büchern und im Internet sind verschiedene Tests zur Hochsensibilität verfügbar. Ein weit verbreiteter Test wurde von Elaine Aron im Jahr 1996 entwickelt und unter anderem in ihrem Buch „Sind Sie hochsensibel“ veröffentlicht. Im Internet ist vor allem der Test von Georg Parlow präsent, zu finden unter der Adresse www.zartbesaitet.net.

Für den Test auf meiner Internetseite habe ich die Fragen und Aussagen von mehreren Tests anderer Verfasser betrachtet, zusammengeführt und mit eigenen Erfahrungen abgeglichen. Nach Art einer Meta-Analyse wurden die folgenden Aussagen als mögliche Hinweisgeber auf eine Hochsensibilität herausgearbeitet. Noch einmal weise ich darauf hin, dass damit nicht der Anspruch verbunden ist, wissenschaftlich belastbare Aussagen zu treffen. Der Test soll eine Annäherung an das Thema ermöglichen.

Hochsensibel-Test:

Der Test beinhaltet 30 Aussagen. Bitte notieren Sie für die Aussage

trifft gar nicht zu: 1 Punkt
trifft eher nicht zu: 2 Punkte
trifft eher zu: 3 Punkte
trifft voll zu: 4 Punkte

Am Ende des Tests zählen Sie bitte die Punkte zusammen, die Auswertung folgt im Anschluss.

1. Ich bin ungerne an Orten mit Hektik und großer Lautstärke.
2. Ich reagiere empflindlich auf grelles Licht.
3. Wenn mich Kleidung einengt, fühle ich mich schnell unwohl.
4. Ich reagiere stark auf Koffein.
5. Ich habe einen feinen Geschmacks- und/oder Geruchssinn.
6. Bestimmte Konsistenzen von Essen schmecken mir nicht .
7. Ich fühle mich von Ärzten unverstanden.
8. Ich bin motorisch unruhig und ständig in Bewegung.

9. Neue, unbekannte Situationen beunruhigen mich.
10. Der Umgang mit Menschen, insbesondere in Gruppen, kostet mich oft viel Energie.
11. Im Gespräch mit Menschen spüre ich schnell, wenn ihre Gefühle mit ihrem Gesagten nicht übereinstimmen.
12. Stimmungen anderer nehme ich nicht nur eindeutig wahr, sie beeinflussen mich oftmals.
13. Ich schwanke in meinen eigenen Stimmungen stark.
14. Häufig bin ich gerne alleine.
15. Ich habe eine hohe Schmerzempfindlichkeit.
16. Ich habe viel Phantasie und hänge oft Träumen nach.
17. Meine Familie und Freunde verstehen mich oft nicht.
18. Ich habe einen stark ausgeprägten Gerechtigkeitssinn.
19. Ich bin sehr gewissenhaft.
20. Ich bin sehr kreativ.
21. Ich habe einen besonderen Zugang zur Natur, Musik oder Kunst.
22. Mit Lügen kann ich sehr schlecht umgehen.
23. Ich bin tendenziell zu gutgläubig.
24. Ich fühle mich oft für Geschehnisse verantwortlich.
25. Ich fühle mich Situationen oft hilflos ausgeliefert.
26. Ich kann mir Gesprochenes und/oder Wahrnehmungen über einen sehr langen Zeitraum merken.
27. Ich habe schon einmal daran gedacht, hochbegabt zu sein.
28. Ich habe schon einmal daran gedacht, an ADHS erkrankt zu sein.
29. Ich kann das Denken nicht „abstellen“, oftmals jagen ganze Gedankenketten durch meinen Kopf.
30. Mehrere gleichzeitg zu erledigende Aufgaben sind für mich eine Herausforderung.

Die Auswertung des Tests:

30-45 Punkte:

Sie sind mit großer Wahrscheinlichkeit nicht hochsensibel. Umso schöner ist es, dass Sie sich dennoch die Zeit für den Test genommen haben. Sie haben damit Ihr Interesse am Thema Hochsensibilität bekundet und einen Einblick darin erhalten, welche Facetten des Lebens ein hochsensibler Mensch anders erfährt. Schon dies ist für ein verständnisvolles Miteinander und Respektieren der gegenseitigen Bedürfnisse förderlich. Im Umgang mit hochsensiblen Verwandten, Freunden oder Ihrem Partner haben Sie nun vielleicht ein feineres Gespür für die individuellen Talente, Fähigkeiten und Belastungsgrenzen.

46-66 Punkte:

Sie konnten einige Fragen im Test als eher oder sogar voll zutreffend beantworten. Überwiegend haben Sie die Fragen für sich jedoch verneint. Es spricht einiges dafür, dass Sie nicht hochsensibel sind. Damit kann jedoch nur ein erster Anhalt gegeben werden. Reflektieren Sie Ihre eigenen Wahrnehmungen und Empfindungen. Möglicherweise sind Sie eine einfühlsame Person, die hin und wieder ihre reizarmen Auszeiten braucht, nicht aber die besondere Achtsamkeit eines hochsensiblen Menschen.

67-95 Punkte:

Sie sind mit einiger Wahrscheinlichkeit ein hochsensibler Mensch. Sie haben verschiedene wiederkehrende Merkmale hochsensibler Personen für sich bejaht. Dabei können Sie das innere Erleben und die Empfindungen nicht auf allen Ebenen gleichermaßen reizintensiv feststellen. Das ist nicht ungewöhnlich. Ihre Sensibilität ist in einigen Bereichen stärker ausgeprägt als in anderen. Umso wichtiger ist die Kenntnis der individuellen Fähigkeiten, Talente aber auch Belastungsgrenzen. Mit dem differenzierten Wissen um die ganz eigenen Besonderheiten, haben Sie den ersten Schritt zu einem Leben in Ihrem Sinne getan. Achten Sie auf sich und Ihre Bedürfnisse, setzen Sie der Reizüberflutung gezielt Grenzen.

<u>96-120 Punkte:</u>

Es ist sehr wahrscheinlich, dass Sie ein hochsensibler Mensch sind. Ihre Sensibilität beschränkt sich nicht auf einzelne Bereiche, Sie nehmen vielfältige Reize intensiver wahr und auch Ihre Reizverarbeitung ist auf mehreren Gebieten eine besondere. Es könnte für Sie eine Lebensaufgabe sein, mit Ihrer Sensibilität ein weitgehend belastungsarmes Leben zu führen, in welchem Sie sich mit Ihren außergewöhnlichen Talenten, Empfindungen und Belastbarkeitsgrenzen wohl fühlen. Vermutlich haben Sie bereits vielfach Erfahrungen positiver und negativer Art im Umgang mit Ihrem Umfeld und den Sie umgebenden Menschen gemacht. In diesem Buch finden Sie Anregungen, wie Sie Ihre eigenen Bedürfnisse mit den Anforderungen des Alltags in einen Ausgleich bringen können.

Test-Ergebnisse der Interview-Partner:

Die Interview-Partner haben neben dem Test der Seite www.hochsensibel-test.de teilweise noch die Tests von Georg Parlow (zartbesaitet.net) und Elaine Aron einbezogen.

Punkte / übereinstimmende Aussagen in Tests zur Hochsensibilität	www.hochsensibel-test.de	www.zartbesaitet.net	Test von Elaine Aron
Heidrun	101	273	26
Binchen	96	288	23
Rachel	102	-	22
Nicole	112	319	27
Nicci	105	304	-
Stefanie	100	300	24
Elke	42	44	-
Micha	38	-	-
Jacqueline	99	-	-
Elisa	99	258	21
Velvetdoll	99	304	25
Ulrike	96	300	22
Hans-Joachim	97	259	-

Kristin	68	-	-
Dorothee	107	298	-
Marie	89	264	24
Volker	101	259	-
Katja	-	309	-
Lorenz	103	283	22
Maria	103	-	-

24698121R00120

Printed in Poland
by Amazon Fulfillment
Poland Sp. z o.o., Wrocław